Marita Koerrenz (Hg.)

AF165992

»Ich lege Protest ein«

Mit Paul Schneider Glauben und politische Verantwortung erkunden

Eine Unterrichtseinheit ab Klasse 9

Mit dem Film »Ihr Massenmörder – ich klage euch an!«
von Sabine Steinwender-Schnitzius

Mit 23 Abbildungen

Vandenhoeck & Ruprecht

Der Dokumentarfilm »Ihr Massenmörder – ich klage euch an«
ist über folgenden Link erreichbar:
https://vimeo.com/409778623
Passwort:
F3eEhF

Download des zusätzlichen digitalen Kapitels zur Arbeit mit
dem Film:
www.vandenhoeck-ruprecht-verlage.com/Ich_lege_Protest_ein
Code für Download-Material:
F3eEhF

Bibliografische Information der Deutschen Nationalbibliothek:
Die Deutsche Nationalbibliothek verzeichnet diese Publikation in der
Deutschen Nationalbibliografie; detaillierte bibliografische Daten sind
im Internet über https://dnb.de abrufbar.

© 2020, Vandenhoeck & Ruprecht GmbH & Co. KG, Theaterstraße 13, D-37073 Göttingen
Alle Rechte vorbehalten. Das Werk und seine Teile sind urheberrechtlich
geschützt. Jede Verwertung in anderen als den gesetzlich zugelassenen Fällen
bedarf der vorherigen schriftlichen Einwilligung des Verlages.

Copyright:
3M6 Bibelauszüge aus: Zürcher Bibel 2008 © TVZ Theologischer Verlag Zürich AG | Zitat: Stephan Holthaus, Christen und die
Politik: Das Verhältnis von Kirche und Staat in Geschichte und Gegenwart, in: Bibel und Gemeinde 109, Band 3 (2009), S. 55–62,
hier S. 61/62 © Bibelbund e. V.

Umschlagabbildung: Léonie Wedel, Paul Schneider »Der Prediger von Buchenwald«. Die Verwendung erfolgt mit Genehmigung der
Pfarrer Paul Schneider Gesellschaft und der Künstlerin.

Satz: SchwabScantechnik, Göttingen
Druck und Bindung: ⊕ Hubert & Co. BuchPartner, Göttingen
Printed in the EU

Vandenhoeck & Ruprecht Verlage | www.vandenhoeck-ruprecht-verlage.com

ISBN 978-3-525-70295-6

Inhalt

Einleitung

»Der Mensch wird am Du zum Ich« schreibt der jüdische Religionsphilosoph Martin Buber. Das Unterrichtsmaterialheft »Ich lege Protest ein. Mit Paul Schneider Glauben und politische Verantwortung erkunden« gibt Einblicke in ein eindrückliches »Du«, das sich sowohl durch den zeitlichen Abstand als auch in seinem Denken und Handeln in vielen Punkten von unserem »Ich« unterscheiden dürfte:

Paul Schneider war ein Pfarrer, der sich entschieden gegen das NS-Regime stellte, 1937 aufgrund seiner offenen Kritik am Nationalsozialismus ins Konzentrationslager Buchenwald gebracht und dort 1939 wegen seiner weiteren Anklage der NS-Verbrechen ermordet wurde. Aus verschiedenen Quellen – seien es von ihm selbst verfasste Predigten, Briefe und andere Texte, seien es Berichte seiner Familie und anderer Personen über ihn – wird deutlich, dass sein Widerstand auf einer festen christlichen Überzeugung gründete, die es ihm gebot, dem Anspruch des NS-Terrorstaats auf eigene Auslegung der Wirklichkeit zu widersprechen.

Durch die Betrachtung der Biografie Paul Schneiders wird die Auseinandersetzung mit der Geschichte des Nationalsozialismus exemplarisch konkret. Der Materialband bietet somit die Möglichkeit eines »Lernens am Modell«, indem ein narrativer Einstieg in die Lebensgeschichte Paul Schneiders gegeben wird, dem geschichtliche Quellen und methodisch abwechslungsreiche Lernangebote folgen, die die Glaubensüberzeugungen, Handlungsmotivationen, Ängste und Gedanken Paul Schneiders zugänglich machen. Auf diese Weise nimmt er Schüler*innen mit auf die Suche nach einem »Du«, das es zu erkunden und an das es Fragen zu stellen lohnt, um Orientierung für das eigene »Ich« zu erhalten. Neben dem Verständnis der zeitgeschichtlichen Umstände, politischen Interessen und Machtkonstellationen wird ein Perspektivwechsel möglich, der in besonderer Weise dazu motivieren kann, das Handeln Paul Schneiders zu verstehen und in eine Klärung der eigenen Sichtweisen auf diese Zeit und ihre bis heute spürbaren Nachwirkungen zu führen vermag.

Die Relevanz einer solchen Klärung der eigenen Sichtweise auf den Nationalsozialismus für Schüler*innen ab Jahrgangsstufe 9 ist angesichts rassistisch motivierter Anschläge bspw. auf Asylbewerberheime oder jüdische Gotteshäuser, rechten Terrorgruppen wie bspw. dem Nationalsozialistischen Untergrund sowie einer immer wieder aufkommenden Fremdenfeindlichkeit in gesellschaftlichen Diskursen nicht begründungsbedürftig. Die Auseinandersetzung mit der Ideologie und dem Vorgehen der Nationalsozialisten im Dritten Reich dient – wie alle religiösen Bildungsprozesse entsprechend des kompetenzorientierten Lehrplans – einer Orientierungsfindung der Schüler*innen; sie soll demokratiebildend wirken und ermöglicht das Verständnis von und Partizipation an gesellschaftlichen Diskursen.

Dieser Band nimmt in sechs Stationen Schüler*innen mit auf ein Wechselspiel zwischen Gedenken und Denken, das am Beispiel des Handelns von Paul Schneider, dem »Prediger von Buchenwald«, die Verflochtenheit von Glauben und politischer Verantwortung sowie die Rolle von Christ*innen im Protest gegen Unrecht vor Augen führt:

1. Begegnung mit Paul Schneider – ein Weg zwischen Glauben und politischer Verantwortung (Marita Koerrenz)
2. Dem Glauben Taten folgen lassen – Glaube als Handlungsmotivation (Jennifer M. Keller)
3. VerAntwort-l-Ich? Der Weg Paul Schneiders zum entschiedenen Protest (Katharina Muth)
4. Lernen an einem Lebensweg – Paul Schneider und die Frage nach dem Vorbild (Nicole S. Keller)
5. Politische und gesellschaftliche Verantwortung heute (Stefanie Espig)
6. Paul Schneider aus ökumenischer Sicht (Marita Koerrenz)

Religionspädagogik heute ist herausgefordert, einen Weg der empathischen Erinnerung aufzuzeigen, der die Schatten der Vergangenheit wahrnimmt und gleichzeitig die Herausforderung der Gegenwart ernst nimmt. Schule und die Bildungseinrichtungen von Kirche haben so auch die Aufgabe, Jugendliche dazu zu befähigen, dem zunehmenden Rechtspopulismus etwas entgegnen zu können. Paul Schneider kann uns – in all seiner Zeitgebundenheit – als Lernende in der Konsequenz seiner Haltung dazu herausfordern, es zu wagen, uns auf seine Sicht auf den Nationalsozialismus einzulassen und dabei auch unsere eigenen Sichtweisen auf diese Zeit zu hinterfragen. Auf diese Weise haben wir die Möglichkeit, uns am »Du« der Person Paul Schneiders als »Ich« auch in unserer Zeit neu wahrzunehmen und zu verorten.

Unser DANK geht an die Evangelische Kirche im Rheinland, die durch einen großzügigen Druckkostenzuschuss diese Publikation erst ermöglicht hat.

Dankbar sind wir auch für die Beiträge von Karl Adolf Schneider (dem Sohn Paul Schneiders), von Dr. Cesare Zucconi, (dem Generalsekretär der Gemeinschaft Sant'Egidio in Rom), von Pfarrer Dr. Jochen Wagner aus dem Hunsrück, von der freien Mitarbeiterin der Gedenkstätte Buchenwald Mackenzie Lake und der Künstlerin Léonie Wedel aus Weimar.

Pfarrerin Sabine Steinwender-Schnitzius hat mit viel Engagement die Digitalisierung des unter ihrer Leitung im Jahr 2000 produzierten Dokumentarfilms über Paul Schneider, »Ihr Massenmörder – ich klage euch an!«, ermöglicht.

Der ursprünglich im Auftrag der Evangelischen Kirche im Rheinland erstellte zwanzigminütige Dokumentarfilm enthält wichtige Zeitzeugeninterviews (u. a. mit Margarete Schneider und dem ehemaligen Buchenwaldhäftling Ernst Cramer). Ein wichtiges Anliegen dieser Publikation ist es (auch vonseiten der EKiR) diesen Dokumentarfilm Schulen und Kirchengemeindegruppen wieder zugänglich zu machen. Der Film war bislang nur noch in VHS-Qualität in den kirchlichen Medienstellen ausleihbar. Nun steht er in Kombination mit diesem Unterrichtmaterialheft digital zu Verfügung.

Unser Dank geht in diesem Zusammenhang an die Direktoren des PTI Bonn der EKiR (Prof. Dr. Gotthard Fermor) und der EKM in Neudietendorf (Dr. Ekkehard Steinhäuser) für die Befürwortung des Projektes. Schließlich danken wir herzlich Frau Schreiber-Quanz vom Verlag Vandenhoeck & Ruprecht, die mit großer Kompetenz dieses Werk begleitet hat. Das Projekt der Publikation ist inhaltlich am Zentrum für religionspädagogische Bildungsforschung der Theologischen Fakultät der Universität Jena angesiedelt. Die räumliche Nähe zu Weimar hatte das Thema »Pfarrer Paul Schneider« bereits seit einigen Semestern in unserem Lehrangebot widerspiegeln lassen. Da jedoch kein aktuelles Unterrichtsmaterialheft zu dem Thema »Paul Schneider« zu Verfügung stand, lag der Gedanke nahe, diese Lücke zu schließen. Dank der Befürwortung dieses Projektes durch die Evangelische Kirche im Rheinland konnte dieses Vorhaben nun in die Tat umgesetzt werden.

Auch der Paul-Schneider-Gesellschaft sei gedankt, die seit vielen Jahren versucht, das geistige Erbe von Pfarrer Paul Schneider für die Gegenwart zu bewahren. Möge dieses Materialheft und der nun wieder für Bildungszwecke zugänglich gewordene Dokumentarfilm seinen Weg in die Bildungsarbeit von Kirchen und Schulen finden.

1. Begegnung mit Paul Schneider – ein Weg zwischen Glauben und politischer Verantwortung (Marita Koerrenz)

Didaktische Leitgedanken

Dieses Kapitel hat die Aufgabe, in die Unterrichtseinheit einzuführen. Vermutlich ist den SuS der Name Paul Schneider bisher noch nicht begegnet. Deshalb wird zunächst der Lebensweg über einen narrativen Einstieg wiedergegeben. Wir gehen bei der Darbietung des Unterrichtsmaterials davon aus, dass das Thema NS-Zeit entweder gleichzeitig im Geschichtsunterricht besprochen wird oder dort bereits Thema gewesen ist. Um Doppelungen zu vermeiden, konzentrieren wir uns auf die Person von Paul Schneider und seine Verwicklungen in Zeitgeschichte, Kirche und Gesellschaft (1 M 1 – 1 M 4). Dabei soll den SuS am konkreten Beispiel einer Lebensgeschichte verdeutlicht werden, wie sehr die Machtergreifung Hitlers und die Diktatur das Leben der Kirche und damit auch jeder einzelnen Christin und jedes einzelnen Christen beeinflusst hat. Kirchengeschichte wird – in der Fokussierung auf eine biografische Begegnung – anschaulich und spürbar. Möglicherweise ist es erforderlich, in Kooperation mit dem Fach Geschichte, noch einmal wichtige Fakten der NS-Zeit in Erinnerung zu rufen. Dies könnte z. B. durch die Gestaltung eines Zeitstrahles geschehen.

1 M 5 reflektiert – ausgehend von der Zeit der Gefangenschaft Paul Schneiders im KZ Buchenwald – die Protesthandlungsschritte, die den Widerstand markiert haben. Dieser Text wird aus der Perspektive des Sohnes von Paul Schneider (Karl Adolf Schneider) erzählt. An dieser Quelle könnten SuS u. a. lernen, Texte quellenkritisch zu reflektieren. Erzählte Geschichte aus der Zeugenschaft der Familienüberlieferung hilft uns heute einerseits bei der Rekonstruktion von Zeitgeschichte und ist andererseits als in der Perspektive der Familie stehend, zu bewerten.

1 M 6 beschäftigt sich mit der Bekennenden Kirche, der Paul Schneider angehörte und in der er die allein rechtmäßige evangelische Kirche in der damaligen Zeit gesehen hat. Der Kontext der Bekennenden Kirche ist wichtig, um die Entscheidungen Paul

Schneiders heute nachvollziehen zu können. An dieser Stelle bietet es sich an, das Thema Kirchenkampf in den Unterricht einzubeziehen. In diesem Materialheft kann nur ein kleiner Ausschnitt in der Fokussierung auf die erste These der Barmer Theologischen Erklärung dargeboten werden. Interessant wäre es z. B., die Dahlemer Bekenntnissynode mit hinzuzunehmen.

1 M 7 vermittelt einen kurzen Ausschnitt aus dem Alltagsgeschehen im Nationalsozialismus: Eine Begebenheit in der Schule zeigt das Verschweigen der Wahrheit als Normalität. SuS können dadurch einen Einblick gewinnen in das alltägliche Verdecken von Offensichtlichem im NS-Staat.

1 M 8 und 1 M 9 weisen auf die unterschiedliche Rezeption von Paul Schneider in Westdeutschland und in der DDR hin. Wurde in der DDR in Paul Schneider der antifaschistische Widerstandskämpfer gesehen und geehrt, so wurde er in Westdeutschland als ein Blutzeuge der Bekennenden Kirche erinnert. Es liegt nahe, SuS die Unterschiede der Rezeptionen entdecken zu lassen. Dies ermöglicht eine Begegnung mit der Geschichte beider deutschen Staaten.

1 M 9 zeigt anhand des Stolpersteines für Paul Schneider in Koblenz die Aktion des Kölner Künstlers Gunter Demnig. SuS wird durch die Aufgabenstellung ermöglicht, ihr bereits erworbenes Wissen im Hinblick auf eine neue Anforderungssituation [Erarbeitung eines Zeitungsartikels] anzuwenden.

1 M 10 nimmt das Porträtgemälde der Künstlerin Lèonie Wedel aus dem Titelbild auf. Hier geht es um eine Auseinandersetzung mit der Lagerinschrift »Jedem das Seine« und der Wahrnehmung des Missbrauchs der eigentlichen Bedeutung dieses Satzes durch die Nazis.

Die Möglichkeit eines nachhaltigen Kompetenzerwerbs und einer Leistungsbewertung durch Schülerarbeiten ist an vielen Punkten dieses Kapitels gegeben. Die LuL haben die Möglichkeit der Auswahl aus den unterschiedlichen Lernangeboten. Der Einsatz des Filmes erscheint im Anschluss an das 1. Kapitel sinnvoll.

© 2020 Vandenhoeck & Ruprecht GmbH & Co. KG, Göttingen

1M1–1M5 Spurensuche

1M1 Auf Spurensuche – das Leben von Pfarrer Paul Schneider (I)

Lesetext: Einleitung

Geschichte ereignet sich mitten in der Welt. Sie erzählt von Ereignissen, die die Menschen in besonderer Weise berührt haben. Manchmal sind es positive Erinnerungen aus der Vergangenheit, mitunter aber
5 handelt es sich um negative Erinnerungsspuren. Ein dunkles Kapitel deutscher Geschichte ist die NS-Zeit von 1933 bis 1945. Sie brachte unendliches Leid über Deutschland und letztendlich fast über die gesamte Welt. Viele Menschen möchten die Erinnerung an
10 diese Zeit verdrängen. Das ist nachzuvollziehen, aber ist die Zukunft nicht auch geprägt von der Vergangenheit und eben unserem jeweiligen Umgang mit dieser? Negative Geschichte bedarf der Auseinandersetzung und der Aufarbeitung, damit sie sich »um Gottes Wil-
15 len« niemals wiederholen möge.

Das Leben Paul Schneiders ist ein Beispiel für den Umgang eines Pfarrers mit der NS-Zeit. Unrecht wurde von den Nazis als Recht getarnt. Die große Mehr-

heit der Bevölkerung, die während der NS-Zeit ge-
20 lebt hat, war entweder nicht bereit oder fühlte sich nicht dazu in der Lage, das Unrecht ihrer Zeit als Unrecht zu entlarven und als solches zu benennen. Viele Menschen sind zu stummen Zeugen des Todes von sechs Millionen Juden und anderen verfolgten Menschengruppen geworden. Am Ende des Zweiten
25 Weltkrieges waren 60 Millionen Opfer zu beklagen. Paul Schneider hat die Zeit des Zweiten Weltkrieges nicht mehr erlebt. Er starb am 18. Juli 1939. Die Zeitzeugen aus dieser Zeit gehen davon aus, dass er im KZ Buchenwald mittels einer Injektion vom dorti-
30 gen Lagerarzt getötet worden ist. Der Grund: Protest gegen das System. Er gehört zu den Opfern des kirchlichen Widerstandes. Sein Protest hatte sein Fundament im Glauben an die Wahrheit des Evangeliums, der guten Nachricht von Gott, die nicht zu dem to-
35 talitären Führeranspruch eines Diktators passt.

1. Lies den Text und schreibe deine Fragen zu dem Kontext NS-Zeit und Widerstand auf.
2. Eine Suche auf den Spuren von Pfarrer Paul Schneider ermöglicht eurer Lerngruppe, als Team in die Rolle einer Filmcrew zu wechseln und als gemeinsames Projekt eine Instagram-Sequenz zu dem Leben und Denken Paul Schneiders zu planen. Besprecht in der Lerngruppe euer mögliches Vorgehen und legt eure Planung so an, dass ihr sie erweitern könnt. Die notwendigen Informationen erhaltet ihr im fortlaufenden Lesetext in diesem Kapitel.

1M2 Auf Spurensuche – das Leben von Pfarrer Paul Schneider (II)

Lesetext: Ein Blick auf die Kindheit und Jugendzeit

Paul Schneider ist in einem Pfarrhaus groß geworden. Am 29. August des Jahres 1897 wurde er als Sohn von Elisabeth und Gustav-Adolf Schneider geboren. Nichts deutete in seiner Kindheit und Jugendzeit da-
5 rauf hin, dass er einmal aufgrund seines christlichen Glaubens in die politische Gegnerschaft [Opposition] gedrängt werden würde:

Sein Lebensweg verläuft zunächst eher unauffällig. Er wächst im Kreis seiner Geschwister im Hunsrück
10 auf und genießt die für einen Pfarrerssohn der dama-

ligen Zeit angemessene Bildung. Er darf ein Gymnasium besuchen. Die Familie zieht im Frühjahr 1910 nach Hochelheim, um der an Gicht erkrankten Mutter durch das mildere Klima Linderung zu verschaffen. Im September des Kriegsjahres 1914 (Erster Weltkrieg)
15 stirbt die Mutter, die den Kindern trotz ihres jahrelangen Leidens eine glückliche Kindheit ermöglicht hat. Es ist wohl dem Geist der Zeit geschuldet, dass Paul sich kurze Zeit später als Kriegsfreiwilliger im Ersten Weltkrieg meldet. Zuvor hat er, so wie seine
20 Klassenkammeraden, ein sogenanntes Notabitur ab-

gelegt. Der Krieg wurde zu diesem Zeitpunkt von den meisten Menschen nicht hinterfragt, weder von der Kirche noch von dem Umfeld in der Schule. Die Teilnahme als Soldat galt als Erfüllung der Vaterlandsliebe.

Paul wird an der Ostfront eingesetzt. Hier wird er verwundet. Eine Kugel trifft ihn in der rechten Beckengegend. Als seine Wunde verheilt ist, wird er in Frankreich im Stellungskampf eingesetzt. Im November 1918 wird er, geehrt mit dem Eisernen Kreuz, aus dem Kriegsdienst entlassen.

Was mag in einem jungen Menschen vorgehen, der erst seine Mutter verliert, dann für sein Vaterland in den Krieg zieht und dort mit Bildern konfrontiert wird, die das Grauen der Waffen aufdecken? Wir wissen es nicht, weil aus dieser Zeit keine Aufzeichnungen mehr vorliegen. Aber eine Entscheidung steht nach dem Krieg fest: Er wird Theologie studieren und Pfarrer werden.

1 M 3 Auf Spurensuche – das Leben von Pfarrer Paul Schneider (III)

Lesetext: Studienjahre und der Beginn des Pfarrdienstes

Das Studium der Theologie führt Paul nach Gießen, Marburg und Tübingen. In Tübingen bezieht er im Weilheimer Pfarrhaus seine Studentenbude und verliebt sich in die Tochter der Pfarrersleute [Margarete Dieterich].

Außergewöhnlich an dem beruflichen Werdegang sind die Unterbrechungen: Drei Monate arbeitet er als einfacher Arbeiter am Hochofen in Dortmund-Hörde. Eine völlig neue Erfahrung. Der zukünftige Pfarrer möchte die Situation der Arbeiterschaft kennenlernen und bezieht konsequent einen Schlafplatz in den einfachen Baracken der Arbeiter. Diese akzeptieren ihn mehr und mehr als einen der ihren.

Eine weitere Station führt ihn für ein knappes Jahr in die Berliner Stadtmission. Hier erfährt er, wie die Menschen in den armen Hinterhöfen einer Großstadt leben müssen.

Dann überschlagen sich die Ereignisse: Im Januar 1926 verstirbt sein Vater. Im August heiratet er seine Verlobte Margarete und im September wird er als Nachfolger seines Vaters in seine erste Pfarrstelle in Hochelheim bei Wetzlar eingeführt. Die Ehe von Margarete und Paul Schneider wird im Laufe der Jahre mit sechs Kindern gesegnet werden. Doch es werden der jungen Familie nur wenige glückliche gemeinsame Jahre bleiben.

Der Schatten der Machergreifung Adolf Hitlers legt sich über Deutschland.

1. Lest den Text und ergänzt eure Arbeit an der Planung einer Instagram-Sequenz.
2. Begründe, warum Paul Schneider sein Studium unterbricht, um am Hochofen im Ruhrgebiet und in der Berliner Stadtmission zu arbeiten. Sprecht in einem Plenumsgespräch über eure Erfahrungen in der Arbeitswelt.
3. Recherchiere das Arbeitsfeld »Hochofen« in den 20er Jahren des 20. Jahrhunderts. Arbeite den möglichen Erfahrungsgewinn einer solchen Tätigkeit heraus und schreibe ihn in die Sprechblase:

© 2020 Vandenhoeck & Ruprecht GmbH & Co. KG, Göttingen

Lesetext: Von einem Befürworter zu einem Gegner des neuen Machtregimes

Zu Beginn der Machtergreifung Adolf Hitlers merkten die wenigsten Menschen, in welche Katastrophe dieser Mann das Deutsche Reich führen sollte. Auch Paul Schneider begrüßt zunächst das neue politische Re-
5 gime. Ja, er tritt sogar den der NSDAP nahestehenden Deutschen Christen bei.

Wer waren die Deutschen Christen? Ein Teil der evangelischen Kirchenmitglieder ließ sich von der NS-Ideologie [Weltanschauung] blenden. Die evangeli-
10 sche Glaubenslehre versuchten sie – entgegen ihres jüdischen Ursprungs – der Ideologie des Nationalsozialismus anzupassen.

Wichtige Bibelstellen wurden dabei einfach entfernt und bekannte Kirchenlieder erhielten einen an-
15 deren Text.

Nur wenige Christ*innen merkten und sprachen es aus, dass dieses Vorgehen der Deutschen Christen im Grunde genommen eine Verneinung des Evangeliums war.

Paul Schneider hatte die Hetze der Nationalsozia- 20
listen gegen die Juden misstrauisch gegenüber Adolf Hitler und seinen Anhängern gemacht. Auch die kultische Verehrung Hitlers störte ihn. Wie kann sich ein menschliches Wesen Führer nennen lassen? Für Christ*innen könne es nur den einen Erlöser geben 25
und dessen Name lautet nicht Adolf Hitler, sondern Jesus Christus.

Folgerichtig trat Paul Schneider aus den Deutschen Christen aus und wurde ein aktives Mitglied der Bekennenden Kirche. Diese Bewegung stand im erklär- 30
ten Gegensatz zu den Deutschen Christen und hielt an der jüdisch-christlichen Überlieferung fest.

1. In der Erzählung tauchen die Bezeichnungen **Deutsche Christen** und **Bekennende Kirche** auf. Die Begriffe zeigen bereits an, dass die Deutschen Christen ihr Christ-Sein offenbar in erster Linie von ihrem Deutsch-Sein her verstanden wissen wollten. Und Deutsch-Sein hieß in der Zeit von 1933–1945 Anhänger der NSDAP zu sein. Im Gegensatz dazu legte die Bekennende Kirche den Akzent auf das biblische Bekenntnis. Nur Gott allein könne Heil schenken, aber niemals ein Mensch, wie die »Heil-Hitler«-Rufe vorzugeben versuchten.
INFORMIERT euch über den Gegensatz zwischen den Deutschen Christen und der Bekennenden Kirche, der auch Kirchenkampf genannt wird (vgl. auch 1M5–1M7). Formuliert in Gruppenarbeit drei Thesen aus euren Forschungsergebnissen.

2. Findet in Gruppenarbeit heraus, warum sich Paul Schneider für die Bekennende Kirche entschieden hat. Sammelt Argumente, die für und die gegen diese Entscheidung sprechen. Versetzt euch in die Rolle eines Reporters für eine Tageszeitschrift in der damaligen Zeit und überlegt euch Interviewfragen, die ihr Paul Schneider bezüglich seiner Mitgliedschaft in der Bekennenden Kirche stellen wollt. Lest zum Hintergrundwissen für diese Aufgabe die Texte unter 1M5–1M7.

Familie Schneider 1934, Abschied aus Hochelheim
Foto: Pfarrer Paul Schneider Gesellschaft

Karl Adolf Schneider ist der zweitjüngste Sohn von Paul Schneider. Er kann sich an seinen Vater nicht mehr erinnern, denn er war erst zwei Jahre alt als sein Vater in Haft kam. Er erinnert sich aber an die Erzäh-
5 lungen über seinen Vater und gibt uns davon Bericht.

Lesetext: Der Sohn Paul Schneiders erzählt aus der Familienerinnerung über seinen Vater:
Mein Vater wurde im Juli 1939 mit nur 42 Jahren im Konzentrationslager Buchenwald bei Weimar, der Stadt Goethes und Schillers, ermordet, weil er sich dem Unrecht und der Gewalt des totalitären Staates
10 nicht beugen wollte – welch eine Ironie der Geschichte! Auf der einen Seite die Stadt der Humanität und des Geistes und auf der anderen Seite die brutale Gewalt eines KZ.

Selbst dort, an dem Ort der schwersten Bedräng-
15 nis, unter Folter und Qual hörte er nicht auf, seinen Mitgefangenen aus seinem Zellenfenster heraus Trost und Hoffnung durch Bibelworte und Ermutigungen zuzurufen. Er wird deshalb auch »Der Prediger von Buchenwald« genannt.
20 Das geschah unmittelbar vor dem Zweiten Weltkrieg. Was hätte er wohl zu dem Überfall Hitlers auf Polen gesagt? Sicher hätte er auch da nicht geschwiegen. Geschwiegen hätte er auch nicht zu der Reichspogromnacht am 9. November 1938, als das Unrecht
25 an den jüdischen Mitbürgern geschah. Das hat er aber schon nicht mehr in Freiheit erlebt. Aber dort in Buchenwald, wo unmittelbar nach diesem Pogrom fast 10.000 Juden in der Nähe seines Arrestbaues eingepfercht wurden, hat mein Vater laut die Freiheit für
30 sie gefordert. Gegen vergleichsweise harmlose Verlautbarungen in der Presse, in der von Ernst Röhm, dem Stabschef der SA, die Christliche Moral verspottet wurde, setzte er sich zur Wehr. Als Josef Goebbels, der Propagandaminister Hitlers, in einem Aufsatz in die
35 gleiche Kerbe schlug, nahm er dazu in einer Predigt im Januar 1934 Stellung. Das war damals in dem noch jungen Nationalsozialistischen Staat schon zu viel Mut. Von der Evangelischen Kirche im Rheinland, zu der er gehörte, mit einem Nationalsozialisten an ihrer Spitze,
40 wurde er strafversetzt. Er war nun der Pfarrer von Dickenschied und Womrath, zwei kleinen Dörfern auf dem dünn besiedelten Hunsrück.

Dort kam es schon bald in dem Nachbarstädtchen zu einem Zusammenstoß mit einem führenden Par-
45 teigenossen. Der versetzte einen Hitlerjungen an dessen Grab in den »Himmlischen Sturm Horst Wessels«.

Mein Vater als Pfarrer und Verantwortlicher für die reine Lehre protestierte mit den Worten: »Ich weiß nicht, ob es in der Ewigkeit einen Sturm Horst Wessel gibt, aber Gott, der Herr, segne deinen Ausgang aus 50 der Zeit und deinen Eingang in die Ewigkeit.« Horst Wessel war ein ermordeter Sturmführer der SA und der Verfasser der Nazihymne »die Fahne hoch …«. Dieser Protest brachte ihm die erste Haft von 7 Tagen im Gefängnis des Kreisstädtchens ein. 55

Er war Pfarrer der »Bekennenden Kirche«, einer Gruppierung Evangelischer Christen innerhalb der offiziellen Evangelischen Kirche, die sich ausschließlich am Evangelium orientierte. Sie grenzte sich gegen zu erwartende staatliche Einwirkungen ab. Darum 60 wurde jeder seiner Schritte von der Geheimen Staatspolizei beobachtet.

Auch seine Gemeinden auf dem Hunsrück hielten zu der »Bekennenden Kirche«.

Wegen rein innerkirchlichen Maßnahmen, die die 65 Leitungsgremien der Gemeinden und er anstrengten, kam er schließlich in das Gestapo-Gefängnis nach Koblenz. Ohne richterlichen Beschluss wurde er aus dem Rheinland ausgewiesen. Er konnte diese unrechtmäßige Anordnung nicht befolgen. Seine Gemeinden 70 baten ihn dringend um Rückkehr. Er kehrte in seine Gemeinde zurück und predigte dort. Die Folge war: Er wurde wieder verhaftet. Und weil er die staatliche Ausweisung aus dem Rheinland und damit die Trennung von seinen Gemeinden konsequent ablehnte, 75 wurde er am 27. November 1937 ins KZ Buchenwald bei Weimar eingeliefert.

In Buchenwald musste er hart arbeiten. Als er sich der Hakenkreuzfahne an Hitlers Geburtstag am 20. April 1938 nicht beugte, kam er 15 Monate lang 80 bis zu seinem Tod in Einzelhaft. Seinem Auftrag getreu ließ er nicht davon ab, Christus zu bezeugen. Am 18. Juli 1939 wurde er nach langen, schweren Misshandlungen vom Lagerarzt mit überdosierten Strophanthin-Spritzen umgebracht. 85

Innerhalb von 24 Stunden konnte der Körper meines Vaters in Buchenwald abgeholt werden. Dies war eine absolute Ausnahme. Mein Vater, der seinen Gemeinden treu bleiben wollte, kehrte so doch wieder in diese Gemeinden heim. 90

Zur Beerdigung reisten Christen aus ganz Deutschland auf den Hunsrück. 200 Pfarrer im Talar und eine große ökumenische Trauergemeinde füllten das kleine Dorf und den Friedhof. Auch die Gehei-

© 2020 Vandenhoeck & Ruprecht GmbH & Co. KG, Göttingen

me Staatspolizei war da. Die Machthaber erschraken sehr, weil sie ein solches Aufsehen wegen eines einfachen Dorfpfarrers nicht erwartet hatten. Die Rheinische Kirchenleitung bedauerte sogar schriftlich im Einklang mit der Gestapo: »dass die Erlaubnis einer solchen aufsehenerregenden Beerdigungsfeier, die im Ausland nicht unbemerkt geblieben ist und das Vorhandensein der Begräbnisstätte in Dickenschied die Erinnerung an Pfarrer Schneider immer wachhalten werde.«

Es war eine mächtige Demonstration. Sie zeigte den Sieg des Lebens in Christo über das Unrecht und den Tod in der Welt. […].

Rede von Karl Adolf Schneider am 11. September 2017 in der Petrikirche Münster bei der Communita Sant'Egidio

1. Lest den Text und ergänzt eure Arbeit an der Planung einer Instagram-Sequenz.
2. Erläutere den Widerstand Paul Schneiders gegen das NS-System. Der Text gibt dir dazu wichtige Anhaltspunkte.
3. In der Wissenschaft ist der Begriff »Quellenkritik« gebräuchlich. Finde heraus, was damit gemeint ist. Inwiefern ist die Beachtung der Quellenherkunft für die Erarbeitung des Lebensweges und Lebenszeugnisses von Paul Schneider wichtig?
4. Der Text unter 1 M 5 stammt von dem Sohn Paul Schneiders. Er erzählt aus der Sicht der Familie, vor allem den Erinnerungen seiner Mutter Margarete Schneider. Überlege dir, inwiefern dies für die Beurteilung dieser Quelle in einer Quellenkritik eine Rolle spielen könnte und sprecht darüber im Plenum.
5. Der Neffe von Paul Schneider, Paul Dieterich, schreibt zu der Frage des heutigen Umgangs mit dem geistigen Erbe von Paul Scheider folgenden Text. Lest den Text und erklärt das Anliegen.

»Versucht nicht, einen Mann wie Paul Schneider für Euch zu ›vereinnahmen‹! Er passt nicht vor euren Karren! […] Wie schnell wird aus betroffener Verehrung die Vereinnahmung im Sinne des Wortes: ›Er war unser‹. Es gibt eine kirchliche Vereinnahmung, eine politische Vereinnahmung, wie es gewiss auch eine familiäre Vereinnahmung geben kann.«

Paul Dieterich, Vorwort, Weilheim August 2007, in: Markus Geiger, Pfarrer Paul Schneider und seine Rezeptionsgeschichte, Heidelberg 2007. Mattes Verlag

---

METHODENSPALTE: WAS IST QUELLENKRITIK?

In einer Quellenkritik denke ich als Leser*in darüber nach, in welchem Kontext der Text entstanden sein könnte und wie die Quelle bewertet werden kann. Dazu muss ich mir folgende Fragen stellen

- *Von WEM wurde die Quelle verfasst (Autor)?*

- *WANN wurde die Quelle verfasst (zeitlicher Abstand zum Geschehenen)?*

- *WOZU wurde die Quelle verfasst (Anlass/Intention)?*

- *Welche Aussagekraft hat die Quelle (Interpretation)?*

1 M 6 Die Bekennende Kirche und Paul Schneider

Die Barmer Theologische Erklärung wurde von der Bekennenden Kirche in Abgrenzung zu den Deutschen Christen und der Ideologie der Nazis am 31. Mai 1934 bei einer Versammlung der Bekenntnissynode in Barmen (Wuppertal) verabschiedet. Die erste These lautet (in Auszügen):

> Jesus Christus, wie er in der Heiligen Schrift bezeugt wird, ist das eine Wort Gottes, das wir zu hören, dem wir im Leben und im Sterben zu vertrauen und zu gehorchen haben.
>
> Wir verwerfen die falsche Lehre, als könne und müsse die Kirche als Quelle ihrer Verkündigung außer und neben diesem einen Worte Gottes auch noch andere Ereignisse und Mächte, Gestalten und Wahr-
> 5 heiten als Gottes Offenbarung anerkennen.
>
> These 1 der Barmer Theologischen Erklärung

1. Stelle dar, was die Aussage, dass Jesus Christus allein das eine Wort Gottes ist und darum Christ*innen nur ihm und keinen anderen Mächten zu vertrauen und zu gehorchen haben, angesichts der Machtergreifung der Nazis für Christ*innen bedeutete?
2. Diskutiert zu zweit, was die erste These der Barmer Theologischen Erklärung heute bedeuten kann und erörtert anschließend in eurer Gesamtgruppe die Frage nach der möglichen Aktualität dieser These.

1 M 7 Ein Einblick in den NS-Alltag

1. Lest den folgenden Erfahrungsbericht des Sohnes Karl Adolf aus seiner Schulzeit:

> Nachdem wir bei einem Bombenangriff unser Haus in Elberfeld verloren hatten, zogen wir, Mutter, Tante und sechs Kinder, nach Tübingen zur Großmutter. Am ersten Tag in der neuen Klasse wurde ich vom Lehrer nach meinen Personalien gefragt: »Wie heißt du? Woher kommst du? … Wer ist dein Vater?« – »Mein Vater ist gestorben. Er war Pfarrer« – »Ah, gefallen! Für Führer, Volk und Vaterland!« – »Nein, er war im Gefängnis.« – »Ach was, ein Pfarrer kommt doch nicht ins Gefängnis!« – »Doch, man nennt es
> 5 auch KZ.« Da war Stille. Er wusste also, dass es KZs gab. Nach dem Krieg wollte niemand etwas davon gehört haben.
>
> Karl Adolf Schneider, Das Leben meines Vaters Paul Schneider, des Predigers von Buchenwald (1897–1939), in: Manfred Stoffel u. Jochen Wagner (Hg.): Die Auslöschung jüdischen Lebens in Kirchberg/Hunsrück in der Zeit des Nationalsozialismus. Eine Dokumentation zur Stolperstein-Verlegung im Jahr 2017, Schriftenreihe zur Geschichte der Stadt Kirchberg Bd. 13, Kirchberg/Hunsrück 2018, S. 69 f. Edition Wortschatz

2. Erläutere die Reaktion des Lehrers in dem Ausspruch: »Ach was, ein Pfarrer kommt doch nicht ins Gefängnis!« Kannst du dir vorstellen, was du in dieser Situation geantwortet hättest?
3. Der Satz »Da war Stille« hat eine Bedeutung. Erkläre in Partnerarbeit, warum es still wird, als der Schüler Karl Adolf das KZ anspricht. Ordne die Erzählung in unsere heutigen Reflexionen über die NS-Zeit ein.

© 2020 Vandenhoeck & Ruprecht GmbH & Co. KG, Göttingen

Fotos: Marita Koerrenz

1. Auf den Fotos siehst du zwei Straßenschilder. Beide Schilder sind der Stadt Weimar zuzuordnen. Eines der beiden Schilder befindet sich heute nicht mehr in Weimar, sondern hatte zur DDR-Zeit (seit der Umbenennung der Lottenstraße in die Paul-Schneider-Straße am 12.9.1954) die Paul-Schneider-Straße in Weimar angezeigt. Überlege dir, welches der beiden Schilder der DDR-Zeit zuzuordnen ist und welches Bild das aktuelle Straßenschild zeigt. Begründe deine Entscheidung.
2. Versuche herauszufinden, warum das Straßenschild aus der DDR-Zeit nach der politischen Wende durch ein anderes Straßenschild ersetzt worden ist, obwohl der Name der Straße gleichgeblieben ist. Beachte die unterschiedlichen Erklärungen unter den jeweiligen Straßenschildern.
3. Die Stadt Weimar hat eine besondere Rolle in der NS-Zeit gespielt. Adolf Hitler wollte die Stadt zu einer NS-Vorzeigestadt ausbauen. Dies zeigt sich bis heute noch an ihrem Stadtbild.
   Dabei gilt Weimar eigentlich als die Stadt der Dichter und Denker. Recherchiere und schreibe eine Erläuterung zu diesem Sachverhalt für einen Reiseprospekt der Stadt Weimar.

© 2020 Vandenhoeck & Ruprecht GmbH & Co. KG, Göttingen

4. Paul Schneider wurde in der DDR-Zeit als antifaschistischer Widerstandskämpfer verehrt. Die DDR vertrat die Auffassung, dass der eigentliche Kampf gegen die Nationalsozialisten vor allem von den Kommunisten geführt worden sei. Diesem Selbstverständnis entsprechend wurde Paul Schneider in den antifaschistischen kommunistischen Widerstand – obwohl er Christ war – eingereiht.

Die politische Wende (1989/90) veränderte das Gedenken an Paul Schneider in Ostdeutschland. Die Erinnerung an ihn wird seitdem in erster Linie – so wie in den alten Bundesländern auch – von der Kirche wahrgenommen. Betrachte die Erklärungstafeln (DDR-Zeit und aktuelle Tafel) in der ehemaligen Bunkerzelle von Buchenwald. Erläutere die Unterschiede.

In dieser Zelle wurde der evangelische Pfarrer
Paul Schneider
geb. am 29.8.1897, am 18.7.1939 von der SS ermordet. Wegen Widerstandes im KZ Buchenwald wurde er in diese Arrestzelle gesperrt und aufs grausamste mißhandelt. Vom Fenster dieser Zelle sprach er zu seinen Mitgefangenen u. erhob eine Stimme gegen die faschistische Barbarei.

Erklärungstafel zur DDR-Zeit

Paul Schneider

*29.8.1897 in Pferdsfeld/Hunsrück, evangelischer Pfarrer, Vater von sechs Kindern.

Der Prediger von Buchenwald. Zu Hitlers Geburtstag im April 1938 weigerte er sich, die Hakenkreuzfahne zu grüßen und behielt demonstrativ die Mütze auf. Fünfzehn Monate, bis zu seinem Tod am **18. Juli 1939**, widerstand er in der Zelle, half jüdischen Mitgefangenen und predigte durch das Gitterfenster.

Erklärungstafel heute

Ehemalige Bunkerzelle in Buchenwald
Fotos: Marita Koerrenz

© 2020 Vandenhoeck & Ruprecht GmbH & Co. KG, Göttingen

In der Stadt Koblenz erinnert ein Stolperstein von dem Künstler Gunter Demnig an Paul Schneider. Stolpersteine sind Gedenksteine, die an die Menschen erinnern sollen, die vom NS-Terror verfolgt, deportiert
5 und ermordet worden sind. In der Regel werden sie vor dem letzten frei gewählten Wohnort in das Gehwegpflaster eingelassen. Im Fall von Paul Schneider wurde der letzte Aufenthaltsort vor der Verschleppung nach Buchenwald ausgewählt: das Gestapogefängnis. Es
10 handelt sich also nicht um einen frei gewählten Ort. Der Stolperstein enthält auf einer Messingtafel wichtige Hinweise auf die Lebensdaten und gibt Auskunft über das Schicksal des Opfers. Der Kölner Künstler hat sein Projekt im Jahr 1992 begonnen. Mittlerweile sind
15 mehr als 45.000 Stolpersteine in ganz Europa verlegt worden. Das ist immer noch eine kleine Zahl gegenüber der unvorstellbar großen Zahl der Opfer, aber es ist ein Weg der Erinnerungsarbeit.

Dietrich (https://commons.wikimedia.org/wiki/File:Stolpersteine_Paul_Schneider_und_Gefängnis_Koblenz.jpg), https://creativecommons.org/licenses/by-sa/4.0/legalcode

1. Erläutere den Begriff »Stolperstein«.
2. Schreibe einen kurzen Zeitungsartikel mit der Überschrift: »Ein Stolperstein für Pfarrer Paul Schneider«. Folgende Bausteine können dir dabei helfen (zudem kannst du dich im Internet unter mahnmalkoblenz.ce informieren):

> Ort: Kreishaus der Stadtverwaltung Mayen-Koblenz am Friedrich-Ebert-Ring in Koblenz

> Das Gebäude ist 1984 abgerissen worden.

> Paul Schneider war ein Pfarrer der Bekennenden Kirche.

> Paul Scheider war 1937 hier inhaftiert.

> Von hier aus wurde Paul Schneider am 27. November 1937 nach Buchenwald verschleppt.

> 26. Juni 2019 Stolpersteinverlegung zur Erinnerung an Pfarrer Paul Schneider

> Der Kölner Künstler und Projektleiter Gunter Demnig

> Hausgefängnis der Gestapo

© 2020 Vandenhoeck & Ruprecht GmbH & Co. KG, Göttingen

1 M 10 Paul Schneider im Porträt

1. Ein Gemälde hat eine eigene Sprache. Versuche dich einmal auf diese Sprache einzulassen und führe mit deinem Lernpartner/deiner Lernpartnerin dazu ein Schreibgespräch.
2. Lies die Erläuterungen der Künstlerin Lèonie Wedel zu dem Bild: »Paul Scheider. Der Prediger von Buchenwald« und beschreibe anschließend die Wirkung, die das Bild auf dich hat.
3. Erläutere die Erklärung der Künstlerin zur Wahl der Spiegelschrift.
   Die Bedeutung der Inschrift JEDEM DAS SEINE wurde von den Nazis missbraucht. Die ursprüngliche Bedeutung meint eigentlich …
   Ergänze.

Foto: Marita Koerrenz

Léonie Wedel, Paul Schneider »Der Prediger von Buchenwald«

Das angedeutete Gitter im Hintergrund ist ein Hinweis auf das Tor von Buchenwald, welches ja auch die Inschrift »Jedem das Seine« trägt. Paul Schneider hat es von innen gesehen, also nicht in Spiegelschrift. Ich habe mich für die Spiegelschrift entschieden, weil ich heute das Geschehene auch nur von außen betrachten kann. 5

Ich hatte eine Fotografie als Vorlage. Hierbei habe ich ganz bewusst eine Vorlage ausgewählt, auf der Paul Schneider den Blick nach oben richtet [vgl. das Familienfoto unter M 4]: den Blick auf Gott, auf eine andere Welt. Er ist hinter Gittern, aber diese sind nur ansatzweise sichtbar. Er entrückt ihnen sozusagen, sprengt sie. Die Freiheit in Gott kann ihm nicht genommen werden. Sein höchstes Gebot war ja auch: »Man muss auf Gott mehr hören, als auf den Menschen.« 10

15

Mit dem Blick nach oben verkündet er die frohe Botschaft, die ihn beseelt und mit der er immer wieder die Kraft bekommt, den Häftlingen Mut zuzusprechen. 20

Diese unerschütterliche Kraft habe ich versucht einzufangen. 25

Léonie Wedel

© 2020 Vandenhoeck & Ruprecht GmbH & Co. KG, Göttingen

2. Dem Glauben Taten folgen lassen – Glaube als Handlungsmotivation (Jennifer M. Keller)

Didaktische Leitgedanken

Das Thema »Glauben« im Kontext der Erinnerung an die NS-Verbrechen erscheint zunächst wie ein Widerspruch in sich selbst. Zeigt sich hier doch die Manifestation des Bösen schlechthin, die ein großes Fragezeichen hinter den Glauben an Gott und Gottes Gerechtigkeit zu setzen scheint. Dieses Fragezeichen kann und soll hier nicht aufgehoben werden. Die überlieferten Zeugnisse von Insassen aus Buchenwald machen jedoch deutlich, dass der Glaube an Gott trotz der Hölle der Unmenschlichkeit wie ein Gegenaufschrei auch an diesem Ort präsent war. Paul Schneider ist nicht der Einzige, der als Glaubenszeuge von Buchenwald zu nennen wäre, aber er hat den Titel »Prediger von Buchenwald« von seinen ehemaligen Leidensgenossen erhalten, weil er in besonders deutlicher Weise die Wirklichkeit Gottes der Brutalität des Lageralltages entgegengesetzt hat.

Die Zeitzeugen berichten, Pfarrer Paul Schneider habe seine Aufgabe darin gesehen, die Präsenz des Glaubens als eine Kraftquelle zu bewahren und an seine Kameraden weiterzugeben.

Im Wissen der drohenden Konsequenz der Folter, Glauben zu bezeugen und dies als Waffe des Widerstandes im Grauen des Konzentrationslagers einzusetzen, deutet auf eine andere Wirklichkeit als Hoffnungsquelle hin. Wie können wir heute – im Abstand der Geschichte – verantwortlich mit diesem Glaubenszeugnis umgehen? Das Unterrichtsfach Religion hat nicht die Intention, missionarisch Glauben zu erwecken. Es geht darum, SuS die Kompetenz zu vermitteln, in Glaubensfragen sprachfähig zu werden.

Diese Sprachfähigkeit kann in der Begegnung mit gelebtem Glauben ermöglicht werden. Dieser Weg soll hier vorsichtig gewagt werden. Eine Wegstation führt in das Konzentrationslager Buchenwald bei Weimar. Hier geht es zunächst darum – im Abstand der Zeit –, eine Gedenkstätte als Lernort erfahrbar werden zu lassen. Mackenzie Lake, die als freie Mitarbeiterin in der Gedenkstätte Buchenwald arbeitet, hat dazu zwei Texte für dieses Materialheft verfasst (2 M 1 und 2 M 3). Die individuelle Erfahrbarkeit des Bösen in der Vergegenwärtigung der Erinnerung als Anfrage des Glaubens soll SuS die Möglichkeit einer je eigenen Suche nach Antwort ermöglichen. Hierbei geht es auch um die Wahrnehmung von Differenz zu dem Glaubenszeugnis Paul Schneiders (2 M 4 und 2 M 5). Eine vorsichtige Annäherung an Glaubenserfahrungen der SuS wird unter Verwendung der biblischen Baumsymbolik aus Jer 17 angebahnt (2 M 6). Das Thema »Glauben« ist auch im Religionsunterricht ein sensibles Thema. Die Blickrichtung auf das Glaubenszeugnis von Paul Schneider darf nicht zu einem Vergleich mit der eigenen Glaubenshaltung gelenkt werden. Hier geht es zunächst einmal um die Wahrnehmung des Anderen und möglicherweise Fremden in Relation zu der je eigenen Erfahrung von SuS. Dieser Abstand zwischen beiden Komponenten sollte deutlich gemacht werden. Erst aus der Distanz heraus kann der Blick auf ein Reden über den eigenen Glauben mittels einer Symbolsprache gelingen. Jedenfalls dann, wenn deutlich kommuniziert wird, dass es sich hier nicht um eine zu erwerbende Kompetenz des Unterrichtsfaches Religion handelt, sondern um ein Angebot an jede Einzelne und jeden Einzelnen in ihrer/seiner Individualität.

Informationstext:
KZ-Gedenkstätten als Lernort

Lesetext:

Gedenkstätten an den Orten ehemaliger nationalsozialistischer Konzentrationslager kommt heute eine herausgehobene Stellung in der Kultur- und Gedächtnislandschaft der Bundesrepublik zu. In ihrer
5 gegenwärtigen Form sind sie zunächst Orte der Erinnerung an die hier begangenen Verbrechen, d. h. internationale Friedhofs- und Denkmalanlagen. Darüber hinaus fungieren sie als zeitgeschichtliche Museen, Stätten wissenschaftlicher Forschung so-
10 wie als historisch-politische Lern- und Bildungsorte. Kurzgefasst: Sie sind Orte der Dokumentation, Forschung und Vermittlung. Damit verbinden sie gezielt Vergangenheit, Gegenwart und Zukunft. Ihre Geschichte reicht bereits bis 1945 zurück, als die
15 Alliierten Film- und Fotoaufnahmen der befreiten Lager anfertigten. Diese dienten nicht nur der Rechtfertigung ihrer eigenen Kriegsanstrengungen, sondern auch der Dokumentation und juristischen Verfolgung der begangenen Verbrechen. Nach dem Abzug der Al-
20 liierten wurden die Orte jedoch in beiden deutschen Staaten häufig vernachlässigt, umgenutzt, rück- oder gar abgebaut. Dies änderte sich in den 50er Jahren, als die DDR mit der Errichtung nationaler Mahn- und Gedenkstätten an den Orten vormaliger Konzentrations-
25 lager begann. Die Großanlagen dienten nicht zuletzt als repräsentative Stätten der offiziellen Staatsideologie. Demgegenüber waren die seit den 60er Jahren in Westdeutschland entstandenen Gedenkstätten deutlich kleiner. Getragen von Überlebenden und enga-
30 gierten Bürger*innen mussten sie zunächst nicht selten gegen gesellschaftliche und politische Widerstände durchgesetzt werden. Heute sind die Gedenkstätten an den Orten der ehemaligen Konzentrationslager weithin anerkannte öffentliche Einrichtungen. Pari-
35 tätisch getragen von Bund und Ländern unterliegen sie einem politischen Neutralitätsgebot. Als vormalige Tat- und Leidensorte fungieren sie als Stätten der Erinnerung, an denen Angehörige der Opfer gedenken oder humanitäre Auskünfte über deren Schicksal er-
40 halten können. Darüber hinaus stehen die Gedenkstätten der Allgemeinheit offen und bieten jedem die Möglichkeit, sich über die Geschehnisse vor Ort und ihren historischen Kontext zu informieren.

Im Januar 2000 versammelten sich Vertreter aus 46 Nationen zu einer internationalen Holocaust-Kon- 45 ferenz in Stockholm. An deren Ende verabschiedeten sie eine gemeinsame Erklärung, in der sie sich »zur Förderung der Aufklärung, des Erinnerns und der Forschung im Bereich des Holocaust« bekannten. Die getroffenen Vereinbarungen prägen heute weltweit die 50 Arbeit all jener Einrichtungen, die sich dezidiert dem Gedenken an den Holocaust widmen. Dies schließt auch die deutschen KZ-Gedenkstätten ein. Im Kern der Stockholmer Erklärung stehen drei zentrale Punkte: Zunächst geht es darum, die Wahrheit über den 55 Holocaust gegen Versuche der Leugnung und Relativierung zu verteidigen. Gedenkstätten dienen in diesem Zusammenhang nicht nur gegenwärtigen, sondern auch zukünftigen Generationen als sichtbare und unwiderlegbare bauliche Zeugnisse der NS-Verbrechen. 60 Des Weiteren soll der Zugang zu Archiven erleichtert und somit die dauerhafte Erforschung des Holocaust gewährleistet werden. Zu diesem Zweck unterhalten die Gedenkstätten Archive und museologische Sammlungen, um die Geschichte der vormaligen Konzen- 65 trationslager zu dokumentieren. Darüber hinaus betont die Stockholmer Erklärung die Notwendigkeit des Lernens und der Vermittlung von Wissen über die NS-Verbrechen und den Holocaust. KZ-Gedenkstätten tragen dieser Forderung durch umfangreiche 70 Bildungsangebote Rechnung. Das gemeinsame Ziel all dieser Anstrengungen fasst der Abschluss der Erklärung zusammen: »Wir wollen uns verpflichten, der Opfer zu gedenken, die ihr Leben gelassen haben, die noch unter uns weilenden Überlebenden zu achten und das 75 gemeinsame menschliche Streben nach gegenseitigem Verstehen und nach Gerechtigkeit zu bekräftigen.«

Vor diesem Hintergrund kommt den Gedenkstätten an den Orten ehemaliger deutscher Konzentrationslager eine wichtige Rolle als Bildungseinrichtungen zu. 80 Die nationalsozialistischen Verbrechen und der Holocaust erschütterten die zivilisatorischen Fundamente. Am konkreten Beispiel können sich Besucher damit auseinandersetzen, welche Folgen es haben kann, wenn eine Gesellschaft auf Intoleranz, Rassismus, Aus- 85 grenzung und Gewalt aufgebaut wird. Die Vermittlungsbemühungen der Gedenkstätten zielen daher

© 2020 Vandenhoeck & Ruprecht GmbH & Co. KG, Göttingen

darauf ab, durch eine fundierte, quellengestützte und kritische Auseinandersetzung mit der Geschichte der vormaligen Lager und ihrer Einbettung in die Gesellschaft ein reflektiertes, mithin ein zivilgesellschaftli-

ches Geschichtsbewusstsein für Gegenwart und Zukunft zu befördern.

Mackenzie Lake

90

1. Lies den Text und erkläre den Grund dafür, warum das ehemalige KZ Buchenwald heute eine Gedenkstätte ist.
2. Gib den Inhalt der ›Stockholmer Erklärung‹ in drei Sätzen wieder und erläutere sie.
3. Erläutere das »politische Neutralitätsgebot« für eine Gedenkstätte.
4. Die Gedenkstätte Buchenwald hat zur Holocaust-Gedenkfeier am 27.1.2020 der AfD-Fraktion Hausverbot erteilt. Recherchiere und schreibe einen Zeitungskommentar.

2 M 2   Glaube als Handlungsmotivation zum Widerstand

Betrachte die Bilder.
Welche Gedanken und Gefühle werden in dir hervorgerufen? Versuche sie zu formulieren, indem du die Methode »Sich-leer-Schreiben« nutzt. Dabei geht es darum, alle Gedanken, die einem innerhalb von 4 Minuten kommen, auf ein Blatt Papier niederzuschreiben. Falte das Papier und lege es in deine Religionsmappe.

Das Fenster in der Bunkerzelle war während der Gefangenschaft von Paul Schneider nicht verglast.

Appellplatz

Essgeschirr der ehemaligen Häftlinge

© 2020 Vandenhoeck & Ruprecht GmbH & Co. KG, Göttingen

Fotos: Marita Koerrenz

Lesetext: Das Konzentrationslager Buchenwald 1938/39 und Paul Schneider

Paul Schneider wurde am 27. November 1937 in das KZ Buchenwald verschleppt. Das Lager war bereits im Juli desselben Jahres gegründet worden, doch sein Auf- und Ausbau dauerte die gesamte Haftzeit Schneiders hindurch an. Die primitiven Holzbaracken für die Häftlinge waren 53 m lang, 8 m breit, und 2,65 m hoch. Sie waren mit einem 64 qm Tagesraum und einem 96 qm Schlafraum ausgestattet. In ihrer Mitte befand sich eine kleine Latrine mit Toiletten und Waschbecken. Wegen ständigen Wassermangels waren diese jedoch oft nicht nutzbar. Sie wurden daher durch eine offene Latrine zwischen den Baracken ersetzt. Wie alle neu eingelieferten Häftlinge musste auch Paul Schneider eine entwürdigende von Schikanen der SS begleitete Aufnahmeprozedur über sich ergehen lassen. Alle persönlichen Gegenstände wurden den Männern bei ihrer Ankunft im Lager abgenommen. Mithäftlinge schoren ihnen die Körperhaare, anschließend mussten sie in einem Bottich voll Desinfektionsmittel baden. Auf diese Weise sollte der Verbreitung von Krankheiten vorgebeugt werden. Eine oberflächliche medizinische Untersuchung durch einen SS-Arzt stellte zudem fest, ob sie arbeitsfähig waren. In den ersten Jahren des Lagers fand diese Prozedur im Freien auf dem Appellplatz statt. Im Anschluss daran erhielten die Männer eine Häftlingsuniform. Auf dieser mussten sie ein farbiges Stoffdreieck tragen, das sie für die SS als Teil einer bestimmten Häftlingsgruppe auswies. Als politischer Häftling musste Paul Schneider ein rotes Dreieck tragen. Zudem registrierte die SS jeden Inhaftierten unter einer eigenen Häftlingsnummer. Von diesem Zeitpunkt an galt man im Lager nicht mehr als Person, sondern nur noch als Nummer. Für die in Buchenwald inhaftierten Männer begann der Tag mit dem Wecken im Morgengrauen und einem schikanösen Zählappell auf dem Appellplatz. Anschließend mussten sie zu ihren Arbeitskommandos marschieren. Unerbittlich angetrieben von der SS mussten die Häftlinge in den ersten zwei Jahren des Lagers beim Aufbau des Lagers schuften. Sie rodeten Waldflächen, errichteten Gebäude und Straßen, und bauten den SS-Bereich des Lagers mit den Villen für den Lagerkommandant und die Offiziere auf. Wie viele der inhaftierten Männer in der Aufbauzeit des Lagers musste auch Paul Schneider im gefürchteten Steinbruch Zwangsarbeit leisten. Ohne Absicherung und maschinelle Hilfsmittel mussten die hier eingesetzten Männer schwere Steine aus dem Fels brechen, mit bloßen Händen schleppen oder voll beladene Loren bewegen. Verletzungen waren an der Tagesordnung. Nach oftmals 10–11 Stunden körperlicher Schwerstarbeit mussten sie erneut einen oft stundenlangen Zählappell über sich ergehen lassen. Erst dann durften sie sich in ihre Baracken zurückziehen. Trotz der körperlichen Strapazen erhielten die Häftlinge des KZ Buchenwald nur etwa 350–500 g Brot und einen Liter dünne Suppe pro Tag. Zudem litten sie unter einem ständigen Mangel an Wasser, das oft rationiert werden musste. Es gab kaum Möglichkeiten, sich ausreichend zu waschen. Krankheiten waren die Folge. Aufgrund der schlechten hygienischen Verhältnisse brach Ende 1938 eine Typhusepidemie im Lager aus.

Während die SS versuchte, die Inhaftierten zu brechen und zu dehumanisieren, unterstützt Pfarrer Paul Schneider seine Mitgefangenen. Sein Glauben gab ihm Kraft.

Mackenzie Lake

1. Lies den Text und kennzeichne Begriffe, die dir unbekannt sind. Klärt die Begriffe in einem Plenumsgespräch.
2. Paul Schneider wurde als politischer Häftling eingeteilt. Deshalb musste er einen roten Winkel tragen. Überlegt in Partnerarbeit die Gründe, die zu der Einteilung als politischer Häftling geführt haben. Schreibt eure Erklärung auf.
3. In dem Text ist von dem Glauben Paul Schneiders die Rede. Der Glaube hat Konsequenzen auch für seine Mitgefangenen. Lies dazu auch die Quellen in 2M4. Fasse die Erzählungen der Mitgefangenen in einem Kernsatz zusammen.

© 2020 Vandenhoeck & Ruprecht GmbH & Co. KG, Göttingen

Paul Schneiders tiefer Glaube und sein klares Bekenntnis machten den Mitgefangenen Mut und schenkten in einer scheinbar ausweglosen Lage Hoffnung und Trost. Nicht nur inhaftierte Christen, auch jüdische
5 Mitgefangene und selbst atheistisch eingestellte Kommunisten zollten ihm aufgrund seines Mutes Respekt. Seine Bunkerzelle im Konzentrationslager hatte die Ausrichtung zum Appellplatz. Diese Position wusste er zu nutzen. In diesem Zusammenhang gibt es einen
10 Bericht von einem Mitgefangenen:

> Einer der vielen verhafteten Juden in der Reichspogromnacht war *Ernst Cramer,* der mit anderen Juden bei der Einlieferung am Abend des 11. November 1938 auf dem Appellplatz antreten muss-
> 15 te. Jahrzehnte danach erinnert er sich in einem Film-Interview im Jahr 2000 in der Gedenkstätte Buchenwald:
> »An diesem Abend haben wir, zumindest ich, zum ersten Mal eine laute Stimme gehört aus
> 20 einem Gebäude, von dem wir keinerlei Ahnung hatten, was es war. Der Mann hat die Bergpredigt ganz laut gesagt und als er beim sechsten Punkt »Selig sind die, die um der Gerechtigkeit willen leiden« [war], da sprach hinter mir einer ganz leise:
> 25 Das kann kein Jude sein. Das muss jemand sein, für den die Bergpredigt etwas ganz Besonderes bedeutet – die übrigens eine der schönsten religiösen Stellen ist, die es in der Welt gibt. Wir wussten ja nicht, wer es war. Wir haben nur die Stim-
> 30 me gehört, und zwar immer wieder und immer die gleiche Stimme, natürlich unterbrochen durch Schmerzensschreie und Gebrüll von den SS-Leuten, das ist klar. Ich möchte sagen, dass diese christlichen Worte auch den Juden, die damals da waren,
> 35 irgendwie eine Art Stärke gegeben haben.«

Margarete Schneider, Paul Schneider. Der Prediger von Buchenwald, neu hrsg. v. Elsa-Ulrike Ross u. Paul Dieterich, Holzgerlingen ³2019, S. 463. SCM Hänssler

Es gibt weitere Berichte von Mithäftlingen, die sich über Paul Schneider äußern. So auch Bruno Apitz, der Autor des Buches »Nackt unter Wölfen« (1958). Er berichtet Folgendes:

> Als Schneider an einem Sonntag des Jahres 1938
> 40 zum ersten Male aus dem Gitterfenster seiner Bunkerzelle über den Appellplatz rief, auf dem die Masse der Gefangenen angetreten war, als wir nur einzelne zusammenhanglose Worte vernahmen:
> »… Christus … Auferstehung … Brüder, seid
> 45 stark …«, da haben wohl die dem Bunker nächst stehenden Gefangenen überrascht nach dem bleichen Gesicht mit dem aufgerissenen Mund hinter dem Fenstergitter gestarrt: »Wieder einer, der verrückt geworden ist …« Plötzlich verschwand
> 50 das Gesicht wie weggerissen. Katschende Schläge, Stiefelgetrampel, Gestöhn – und die dem Bunker Zunächststehenden lauschten angespannt in das wilde Getümmel jener Zelle hinein, denkend: »Jetzt wird der arme Kerl von Sommer fertig-
> 55 gemacht.« … Als einige Tage später wieder jene Stimme aus dem gleichen Fenster rief, während wir zum Zählappell angetreten waren, wunderten wir uns: er lebt noch? … Und immer wieder, verteilt über Tage und Wochen, presste sich ein
> 60 bleicher Menschenkopf an die Gitterstäbe jener Zelle, immer wieder ertrank die rufende Stimme im Klatschen der Schläge. Der da drinnen war kein Verrückter! Bald wussten wir, wer es war: Pfarrer Schneider! Ein Geistlicher! Ein Christ!
> 65

Margarete Schneider, Paul Schneider. Der Prediger von Buchenwald, neu hrsg. v. Elsa-Ulrike Ross u. Paul Dieterich, Holzgerlingen ³2019, S. 465 f. SCM Hänssler

1. Lies die Berichte von Ernst Cramer und Bruno Apitz. Markiere die Wörter farbig, die du nicht verstehst. Sammelt diese Wörter an der Tafel und besprecht sie im Plenum.
2. Reflektiert Paul Schneiders Situation mit dem Grundlagenwissen aus Kapitel 1 und den Berichten von Ernst Cramer und Bruno Apitz in einem Schreibgespräch. Beachtet dabei folgende Aspekte:
   - »Man muss Gott mehr gehorchen, als den Menschen!« (Apg 5,29) – Dieser Satz war für Paul Schneider ein Leitsatz. Erläutere die Bedeutung dieses Bibelwortes.
   - Hätte Paul Schneider lieber schweigen sollen, um sich und seine Familie zu schützen?

2 M 5 Kompromisslosigkeit in Glaubensfragen – Ein unerschütterliches Gottesbild?

Die meisten Menschen haben eine Vorstellung von Gott. Dieses Gottesbild entwickelt sich im Laufe der Jahre und kann sich immer wieder verändern. Während kindliche Gottesbilder oft Personen ähneln (z. B.
5 einem alten Mann mit Bart), wandeln sich diese mit zunehmendem Alter mehr und mehr zu symbolischen Bildern (z. B. ein Lichtstrahl in der Dunkelheit).

Ein reflektiertes Gottesbild zu haben, ist ein Bestandteil von religiöser Kompetenz.
10 Der folgende Text gewährt einen Einblick in das Gottesbild von Paul Schneider:

Mittlerweile ist er gezeichnet durch Folter und Misshandlungen. Trotzdem wird er nicht müde, das Evangelium aus seiner Arrestzelle zu predigen. Am
15 Ostersonntag hat sich Schneider – laut Berichten – trotz größter Schmerzen an den Gitterstäben seiner Bunkerzelle emporgezogen und tausenden Häftlingen zugerufen: »Kameraden, hört mich. Hier spricht Pfarrer Paul Schneider. Hier wird gefoltert und gemordet. So spricht der Herr: Ich bin die Auferstehung und das 20 Leben.« Diese Gedanken weiter auszuführen – dazu kommt er nicht. Er wird zur Strafe für seine »Predigt« von der SS ausgepeitscht. Doch trotz alledem fasst Paul Schneider stets erneut den Mut zur Predigt inmitten des Grauens von Buchenwald. Er klagt im 25 Namen Gottes die Verbrechten an, ruft die Namen der Ermordeten aus und vergegenwärtigt tröstende Verse aus der Bibel.

vgl. Margarete Schneider, Paul Schneider. Der Prediger von Buchenwald, neu hrsg. v. Elsa-Ulrike Ross u. Paul Dieterich, Holzgerlingen ³2019, S. 358 SCM Hänssler

1. Analysiere anhand deines Kenntnisstandes, wodurch das Gottesbild von Paul Schneider geprägt wurde und was es kennzeichnet.
2. Der Glaube und das Handeln Paul Schneiders werfen aus heutiger Sicht Fragen auf. Versucht eure Fragen in der Lerngruppe zu formulieren.
3. Das christliche Osterfest hat für den Pfarrer eine besondere Bedeutung. Erkläre den Grund dafür.
4. In seiner »Osterpredigt« aus dem Gitterfenster seiner Haftzelle ruft er den zum Appell angetretenen Kameraden folgende Worte zu: »Hier spricht Pfarrer Paul Schneider. Hier wird gefoltert und gemordet. So spricht der Herr: Ich bin die Auferstehung und das Leben.« Diskutiert im Plenum über die möglichen Gründe, die ihn zu dieser »Predigt« bewogen haben, obgleich er mit Foltermaßnahmen durch die SS rechnen musste.
5. Die Osterhoffnung auf Auferstehung wird dem Folter- und Tötungsalltag des KZs entgegengesetzt. Schreibt dazu in Partnerarbeit einen Sprechakt und spielt ihn in der Lerngruppe vor.
6. Ostern ist HOFFNUNG AUF VERÄNDERUNG. Denke über deine Hoffnungen nach und schreibe sie auf. Falte anschließend das Papier und lege es in deine Religionsmappe.

FOLGENDE AUSSAGE FINDEN WIR IN DER BIBEL:

DENN ALS ERSTES HABE ICH euch weitergegeben, was ich empfangen habe:
Das Christus gestorben ist für unsere Sünde nach der Schrift; und dass er begraben worden ist;
und dass er auferweckt worden ist am dritten Tag nach der Schrift.

1. Kor 15,3.4
Lutherbibel, revidiert 2017, © 2016 Deutsche Bibelgesellschaft, Stuttgart

© 2020 Vandenhoeck & Ruprecht GmbH & Co. KG, Göttingen

Der Glaube und das Symbol eines Baumes

Menschen, die religiös sind, haben oft den Wunsch, dass der Glaube an Gott so stark verwurzelt ist, wie die Wurzeln bei einem Baum. In der Bibel findet man bei dem Propheten Jeremia folgendes Bild:

Foto: Marita Koerrenz

Gesegnet ist der Mann, der sich auf den HERRN verlässt und dessen Zuversicht der HERR ist. Der ist wie ein Baum, am Wasser gepflanzt, der seine Wurzeln 5 zum Bach hin streckt. Denn obgleich die Hitze kommt, fürchtet er sich doch nicht, sondern seine Blätter bleiben grün; und er sorgt sich nicht, wenn ein 10 dürres Jahr kommt, sondern bringt ohne Aufhören Früchte.

Jer 17,7.8

Lutherbibel, revidiert 2017, © 2016
Deutsche Bibelgesellschaft, Stuttgart

1. Betrachte das Bild. Beschreibe es.
2. Ein Baum hat verschiedene Bestandteile. Nenne die Elemente, die im Bibeltext genannt werden.
3. In dem Text ist davon die Rede, dass der Baum sich nicht fürchtet. Diese Formulierung weist darauf hin, dass es sich hier um eine Bildfigur handelt. Erläutere.
4. Reflektiere deine Glaubenshaltung mithilfe der Darstellung des Baumes. Zeichne dazu einen Baum und schreibe in die Form deine Gedanken. Denke dabei zunächst über die Wurzel nach, die dich trägt. Überlege dir, was dir in deinem Leben wichtig ist und schreibe oder male es als Symbol in den Stamm. Überlege dir, welche Früchte dein Leben birgt und schreibe diese in die Äste des Baumes. Formuliere anschließend eine Hoffnung, die dein Leben begleitet.
5. Ergänze den folgenden Satz: Glaube ist für mich …

3. VerAntwort-I-Ich!? Der Weg Paul Schneiders zum entschiedenen Protest (Katharina Muth)

Didaktische Leitgedanken

Das Kapitel »VerAntwort-I-Ich!?« setzt sich mit der Antwort Paul Schneiders auf die Frage auseinander, was es für ihn als Christ im Nationalsozialismus bedeutet, Verantwortung zu übernehmen. Dabei wird seine Perspektive auf das NS-Regime und sein Weg zum christlichen Widerstandskämpfer beleuchtet. Die SuS sollen dazu angeregt werden, durch die Quellen die Haltungsentwicklung und die Motive Paul Schneiders genauer zu hinterfragen, um so tiefere Einblicke in die damaligen Gesellschaftsstrukturen und Machtverhältnisse zu bekommen. Wesentlich für die Betrachtung der Äußerungen und überlieferten Handlungen Paul Schneiders ist, sich im Bewusstsein zu halten, dass man aus unserer heutigen Perspektive nur ein Abbild bzw. Ausschnitte wahrnehmen kann und der zeitliche Abstand zur NS-Zeit und zur Persönlichkeit Paul Schneiders immer bestehen bleibt.

Dieser Gedanke bleibt auch für den letzten Teil des Kapitels zentral, der nach der eigenen Verantwortung fragt. Die Frage »Wie hätte ich mich verhalten?« muss dabei unbeantwortet bleiben, da der Graben zu der damaligen Zeit zu tief und die damaligen gesellschaftlichen Kontexte zu fern sind, als dass wir aus heutiger Sicht eine wahrhaftige Antwort darauf geben könnten. Schon im Neuen Testament wird vor einer überheblichen Haltung gegenüber der Vergangenheit gewarnt. Im Matthäusevangelium heißt es: »Wehe euch, [...] ihr Heuchler, die ihr den Propheten Grabmäler baut und schmückt die Gräber der Gerechten und sprecht: Hätten wir zu Zeiten unserer Väter gelebt, so wären wir nicht mit ihnen schuldig geworden am Blut der Propheten!« (Matthäus 23, 29 f.). Auch wenn alles Sinnieren über eigene Handlungsoptionen in derartigen Situationen konstruiert und damit unfruchtbar bleiben muss, kann man sich dennoch aus der Rückschau auf Geschichte fragen: »Was hätte passieren müssen, dass es nicht zu Verbrechen dieses Ausmaßes gekommen wäre?« Und: »Welche Verantwortung habe ich in meiner Zeit und in meinem Umfeld?« Zur Reflexion über diese Fragen möchte das Kapitel anregen.

Mithilfe von Auszügen aus geschichtlichen Quellen und wissenschaftlich-historischen Arbeiten sollen SuS das Verständnis Paul Schneiders von Glauben und politischer Verantwortung herausarbeiten (3 M 1). In 3 M 2 geht es darum, die Entwicklung der Sichtweisen Paul Schneiders zu zeigen, die von der Suche nach evangelischer Wahrheit in Auseinandersetzung mit dem NS-Staat gekennzeichnet war. Einen eindeutigen Akt politischen Widerstandes markiert der Wahlboykott von Margarete und Paul Schneider im März 1936. SuS werden eingeladen in Form eines fiktiven Rollenspiels unterschiedliche Meinungen in der Bevölkerung in Reaktion auf diese »Scheinwahl« zu reflektieren, eigene Argumente zu sammeln und in einem Perspektivwechsel Positionen zu beziehen (3 M 3 und 3 M 4). 3 M 5 beleuchtet die Situation im Konzentrationslager Buchenwald (Gedicht) und lässt die SuS teilhaben an den Gedanken Paul Schneiders (Quellentext) und dem Versuch, seine Aufgabe als Christ in Buchenwald zu benennen. 3 M 6 schlägt den Bogen in die Gegenwart und fragt mit den Worten des Bundespräsidenten Frank Walter Steinmeier nach unserer Verantwortung im Umgang mit Geschichte und Gegenwart heute.

Foto: Marita Koerrenz

3 M 1 Der Weg Paul Schneiders zum entschiedenen Protest gegen das NS-Regime

Albrecht Aichelin, der sich intensiv mit dem Leben Paul Schneiders auseinandergesetzt hat, schreibt über dessen Einstellung zum Verhältnis zwischen Politik und Glaube:

5 Politik betrachtete er [Paul Schneider 1932] nicht mehr als »unnötigen Ballast« wie Jahre zuvor während seiner Arbeit in der Berliner Stadtmission; er suchte nicht mehr den Weg einer nur persönlichen Vergewisserung des Glaubens,
10 vielmehr wollte er in einer Angelegenheit wie die der Reichspräsidentenwahl, die für ihn als »Gewissenssache« von großer Bedeutung war, seine »nach ernstlicher Prüfung« zustandegekommene Überzeugung auch öffentlich ver-
15 treten. Damit kommt ins Blickfeld, was für den weiteren Weg Paul Schneiders eine immer größere Bedeutung bekommen sollte: Die strenge Trennung der Bereiche Kirche und Politik ließ er nicht gelten, nicht in der Weimarer Republik,
20 aber auch später nicht unter der NS-Herrschaft.

Albrecht Aichelin, Paul Schneider. Ein radikales Glaubenszeugnis gegen die Gewaltherrschaft des Nationalsozialismus, Gütersloh 1994, S. 31. Chr. Kaiser/Gütersloher Verlagshaus

[…] Wo sind die gerecht urteilenden christlichen Gewissen, die weder vom Nationalismus noch vom Sozialismus, sondern vom Evangelium her die Maßstäbe für ihr politisches Handeln ge-
25 winnen? Aus dieser Quelle bezieht sie aber der Nationalsozialismus auch noch nicht; wird er dann wirklich die beiden Pole vereinigen können und unser Volk der sittlich-religiösen Erneuerung entgegenführen können, deren es so
30 dringend bedarf?

Eintrag Paul Schneiders ins Familienbuch vom 26.6.1932
Albrecht Aichelin, Paul Schneider. Ein radikales Glaubenszeugnis gegen die Gewaltherrschaft des Nationalsozialismus, Gütersloh 1994, S. 27. Chr. Kaiser/Gütersloher Verlagshaus

Arbeite aus den beiden Quellen heraus, welches Verständnis Paul Schneider vom Verhältnis zwischen Glaube und Politik hatte. Benenne, mit welchen Kriterien Paul Schneider die Politik des Landes bemessen möchte.

© 2020 Vandenhoeck & Ruprecht GmbH & Co. KG, Göttingen

3 M 2 Paul Schneiders Haltung zum NS-Regime

Paul Schneider erlebte die Zeit des politischen Umschwungs sehr bewusst. Die Nationalsozialisten versuchten gezielt, das Volk mit großen Aufmärschen, über Radio, Zeitungen und Plakate, mit Festen und
5 beeindruckenden Reden davon zu überzeugen, dass ihr politischer Weg der richtige ist.

Im Nachhinein ist es leicht zu sehen, dass unter der nationalsozialistischen Herrschaft viel Unrecht geschehen ist. Doch in der Situation des Erstarkens der nationalsozialistischen Partei war für viele 10 noch nicht erkennbar, wie sich die Gesellschaft entwickeln würde. Nach anfänglicher Skepsis gegenüber der judenfeindlichen Haltung der NS, die Paul Schneider von Anfang an als »unchristliche Haltung« benannte, suchte er nach seinem Standpunkt zum 15 NS-Regime.

Arbeite aus den beiden nachfolgenden Quellen die Einstellung Paul Schneiders zum Nationalsozialismus heraus. Formuliere zu jeder Quelle zwei Sätze. Was hat sich innerhalb der vier Jahre geändert?

Am 25. Mai 1933 schreibt Paul Schneider in einem Brief an seine Schwiegermutter:

> […] Aber ich bin doch froh, dass ich die innere
> 20 Freiheit zu einem vollen Ja zu Hitler und seiner
> Bewegung habe und als Pfarrer die Hand zu positiver Mitarbeit, natürlich von unserer religiösen
> Aufgabe aus, bieten kann. Die Kanzlerrede vor
> dem Reichstag hörten wir drüben in der Schule
> 25 bei Lehrer Zeuge und wir waren auch tief davon
> erfasst. Es war ja kein Wort, das man nicht auch
> als Christ hätte unterschreiben können. Man hat
> unbedingt den Eindruck, dass Hitler vom Geist
> Gottes bei seinem Reden und Handeln sich leiten lässt. Möge ihm Gott weiter das Herz stärken
> 30 und ihm Weisheit schenken in all den schweren
> Entscheidungen, die er noch zu treffen haben
> wird. Wir dürfen ja nun auch das Vertrauen
> haben, dass man unserer Kirche gegenüber nicht
> zu weit greifen wird und dass die Leitung unserer
> 35 Kirche in guten Händen liegt bei dem Einheitswerk und Verfassungsneubau. […]

In einem Brief an seinen Pfarrstellenvertreter, Leo Kemper, der auch Mitglied in der Bekennenden Kirche war, schreibt er vermutlich im November 1937, 40 also vier Jahre später:

> Ich halte dafür, dass jetzt auch die Zeit für die
> harmlose Deutung des deutschen Grußes vorbei und Christen mit ihren Kindern nicht mehr
> mittun sollten. 45
> Den Presbytern [Mitglieder der Kirchgemeindeleitung] schlage ich vor, Beschluss zu fassen,
> dass Flaggen und Läuten nur nach Anordnung
> des Presbyteriums geschehen kann, dass hinfort
> die Hackenkreuzfahne als eindeutiges Zeichen 50
> einer christusfeindlichen Weltanschauung nicht
> mehr von der Kirche gezeigt werden kann.

Albrecht Aichelin, Paul Schneider. Ein radikales Glaubenszeugnis gegen die Gewaltherrschaft des Nationalsozialismus, Gütersloh 1994, S. 34 f. u. S. 234, Anm. 37, Chr. Kaiser/Gütersloher Verlagshaus

3 M 3 Wahlboykott im März 1936 – Paul Schneider übt öffentlichen Protest am NS-Regime

Nach kurzzeitiger Zustimmung zum NS-Regime wird Schneider ein kritischer Gegner desselben. Zum einen hatte er Hitlers Propagandaschrift »Mein Kampf« gelesen und die darin enthaltene Rassenlehre als Widerspruch zum christlichen Glauben erkannt. Zum anderen merkte er Stück für Stück, dass durch politische Maßnahmen der Einfluss der Kirche beschnitten wird. Er übernimmt – trotz drohender Strafen – Verantwortung durch sein Handeln. Hier einige Beispiele:
- Er erhebt Einspruch, als die Hitlerjugend Einfluss auf die Jugend der Kirchgemeinde nimmt. Dennoch wird Ende 1933 die gesamte evangelische Jugend in die Hitlerjugend eingegliedert.
- Er vertritt eine strenge, traditionelle Moralauffassung und äußert sich auch öffentlich scharf gegen die Ansichten führender Vertreter der NS-Bewegung.
- Er übt Protest gegen die Deutschen Christen und tritt der Bekennenden Kirche bei.
- Am 29. März 1936 verweigert er gemeinsam mit seiner Frau die Stimmenabgabe bei den Reichstagswahlen.
- Paul Schneider hat nicht gewählt, sich aber der Vorgabe unterworfen, die Glocken zur Wahl läuten zu lassen und die Fahne zu hissen. An seine Gemeinde formuliert er seine Position in dieser Sache.

Lest den Brief Paul Schneiders an seine Gemeinde. Formuliert in drei Sätzen, warum Paul Schneider der Regierung keinen Segen wünschen möchte.

Der evangelisch-reformierten Gemeinde Dickenschied bin ich folgende Erklärung schuldig: Die erzwungene Anteilnahme der Kirche an der heutigen Reichstagswahl durch Glockenläuten und Fahnenzeigen zwingt mich, aus meiner Zurückhaltung, die ich bisher beachtet habe, herauszutreten. – Die Kirche kann dem Staat in seinen Plänen und Handlungen entweder den göttlichen Segen anwünschen oder aber dem Staat mit der göttlichen Warnung entgegentreten, wenn seine Pläne, Entschlüsse und Handlungen offenbar gegen Gottes Willen und Wort gerichtet sind. – Fahnenzeigen und Glockenläuten aber könnten nur zu leicht als Segensanwünschung verstanden werden. Diese Segensanwünschung aber kann die Kirche dem Staat im Augenblick nicht geben. Offenbar ist mit dieser Reichstagswahl nicht nur verbunden, dass wir dem Führer unsere Stimme geben und die Außenpolitik des Führers billigen [für gut heißen], sondern auch, dass wir die das ganze Schicksal der Nation zutiefst berührende Weltanschauungspolitik des Nationalsozialismus billigen, die sich in immer mehr offenbar werdendem Gegensatz zum biblischen Christentum setzt. – Deutschlands Schicksal entscheidet sich aber nicht an den Truppen am Rhein, sondern an der Stellung des deutschen Volkes zum Worte Gottes. Darum ist die Weltanschauungsfrage ungleich wichtiger als jede andere. [...]

Margarete Schneider, Paul Schneider. Der Prediger von Buchenwald, neu hrsg. v. Elsa-Ulrike Ross u. Paul Dieterich, Holzgerlingen ³2019, S. 192 f. SCM Hänssler

© 2020 Vandenhoeck & Ruprecht GmbH & Co. KG, Göttingen

Ein Rollenspiel zum Wahlboykott

Auf den folgenden Seiten findet ihr Materialien für ein fiktives Rollenspiel. Teilt eure Klasse in drei Gruppen. Jede Gruppe schlüpft in die Rolle eines der im Folgenden dargestellten Charaktere. Überlegt euch für eure Person Argumente in der Diskussion mit den anderen beiden Charakteren. Findet euch dann in Dreier-Gruppen zusammen, wobei in jeder Dreier-Gruppe jeweils einer der Charaktere sein sollte. Übt das Rollenspiel gemeinsam ein und spielt es dann eurer Klasse vor.

Rollenspiel zum Wahlboykott des Ehepaars Schneider
Reichstagswahlen am 29. März 1936

Situation:
Nachdem Margarete und Paul Schneider am 29. März 1936 die Reichstagswahl verweigert hatten, wurde am nächsten Sonntag die Wand ihres Pfarrhauses mit folgender Parole beschmiert:

> *»Er hat nicht gewählt. Vaterland?? Volk, was sagst du??!!«*

Drei Mitglieder der Kirchgemeinde Paul Schneiders, Rosemarie, Marianne und Wilhelm, säubern die Hauswand wieder. Dabei entwickelt sich ein Gespräch.

Vorbereitung/Requisiten:
- an der Tafel wird die Parole der NSDAP aufgetragen – sie dient als Hauswand des Pfarrhauses
- Putzeimer, Schwämme o. Ä.

Arbeitsauftrag:
Bringe dich gemäß den Überzeugungen deiner Person in die Diskussion darüber ein, ob es richtig von Margarete und Paul Schneider war, nicht wählen zu gehen. Überlege dir dafür vorab Argumente, die du in das Gespräch mit einbringen kannst. Nutze möglichst viele der dir gegebenen Informationen.

Rosemarie Spindler

 22 Jahre

 ledig

 Du bist von der Glaubenskraft und von den Überzeugungen Paul Schneiders beeindruckt. Du magst ihn und bist daher auch besorgt um ihn.

 Du findest es nicht richtig, dass man bei den Reichstagswahlen nur mit »Ja« stimmen konnte und stimmst Schneiders Kritik in vielen Punkten zu: Der Nationalsozialismus stellt sich über die christlichen Wertvorstellungen und nimmt eine unchristliche Haltung gegenüber dem Alten Testament und gegenüber den Juden ein. Du würdest jedoch aus Angst vor den Folgen selbst nie so weit gehen, den deutschen Gruß oder die Wahl zu verweigern. Du machst dir auch Sorgen um den Pfarrer, der durch die Verweigerung der Wahl die nationalsozialistische Partei (NSDAP) bewusst provoziert hat. Daher findest du es gut, dass er wenigstens vorschriftsgemäß zur Wahl die Glocken hat läuten lassen und die Fahne an der Kirche hissen ließ.

Nach dem kurzen Rollenspiel:
Eure Mitschüler*innen dürfen euch Fragen stellen zu eurer Position und zu eurer Einstellung. Wenn es zu den Fragen keine Aussagen in den Kurzbeschreibungen eurer Person gibt, versetzt euch in den von euch gespielten Charakter hinein und antwortet aus seiner Perspektive.

© 2020 Vandenhoeck & Ruprecht GmbH & Co. KG, Göttingen

Rollenspiel zum Wahlboykott des Ehepaars Schneider
Reichstagswahlen am 29. März 1936

Situation:

Nachdem Margarete und Paul Schneider am 29. März 1936 die Wahl Hitlers verweigert hatten, wurde am nächsten Sonntag die Wand ihres Pfarrhauses mit folgender Parole beschmiert:

»Er hat nicht gewählt. Vaterland?? Volk, was sagst du??!!«

Drei Mitglieder der Kirchgemeinde Paul Schneiders, Rosemarie, Marianne und Wilhelm, säubern die Hauswand wieder. Dabei entwickelt sich ein Gespräch.

Vorbereitung/Requisiten:

– an der Tafel wird die Parole der NSDAP aufgetragen – sie dient als Hauswand des Pfarrhauses
– Putzeimer, Schwämme o. Ä.

Arbeitsauftrag:

Bringe dich gemäß den Überzeugungen deiner Person in die Diskussion darüber ein, ob es richtig von Margarete und Paul Schneider war, nicht wählen zu gehen. Überlege dir dafür vorab Argumente, die du in das Gespräch mit einbringen kannst. Nutze möglichst viele der dir gegebenen Informationen.

Marianne Niesegang

 58 Jahre

 verheiratet mit Karl, der ein verhaltenes Mitglied in der NSDAP ist

 Durch die Meinung deines Mannes bist du kritisch in Bezug auf das Wahlboykott der Familie Schneider.

 Erst kürzlich (am 7. März 1936) ist die deutsche Wehrmacht in das Rheinland einmarschiert, welches nach dem Ersten Weltkrieg im Zuge des Friedensvertrags mit Deutschland (Versailler Vertrag) erst besetzt (1918–1930) und dann zur entmilitarisierten Zone wurde. Das heißt, dass keine Soldaten dort stationiert sein durften. Dein Mann sagt immer wieder, dass der Versailler Vertrag Deutschland zu viele Zahlungen und Gebietsabtretungen an die Siegermächte aufgebürdet hat. Daher findest du, dass Hitlers Besetzung des Rheinlandes nur gerecht ist. Dennoch findest du es falsch, dass es nur eine Option auf dem Wahlzettel der Reichstagswahlen gab.

Nach dem kurzen Rollenspiel:

Eure Mitschüler*innen dürfen euch Fragen stellen zu eurer Position und zu eurer Einstellung. Wenn es zu den Fragen keine Aussagen in den Kurzbeschreibungen eurer Person gibt, versetzt euch in den von euch gespielten Charakter hinein und antwortet aus seiner Perspektive.

Rollenspiel zum Wahlboykott des Ehepaars Schneider
Reichstagswahlen am 29. März 1936

Situation:

Nachdem Margarete und Paul Schneider am 29. März 1936 die Wahl Hitlers verweigert hatten, wurde am nächsten Sonntag die Wand ihres Pfarrhauses mit folgender Parole beschmiert:

»*Er hat nicht gewählt. Vaterland?? Volk, was sagst du??!!*«

Drei Mitglieder der Kirchgemeinde Paul Schneiders, Rosemarie, Marianne und Wilhelm, säubern die Hauswand wieder. Dabei entwickelt sich ein Gespräch.

Vorbereitung/Requisiten:

– an der Tafel wird die Parole der NSDAP aufgetragen – sie dient als Hauswand des Pfarrhauses
– Putzeimer, Schwämme o. Ä.

Arbeitsauftrag:

Bringe dich gemäß den Überzeugungen deiner Person in die Diskussion darüber ein, ob es richtig von Margarete und Paul Schneider war, nicht wählen zu gehen. Überlege dir dafür vorab Argumente, die du in das Gespräch mit einbringen kannst. Nutze möglichst viele der dir gegebenen Informationen.

Wilhelm Sprottner

 41 Jahre

 verheiratet mit Johanna, 4 Kinder

 Du stimmst der Meinung Paul Schneiders zu, dass man Gott mehr gehorchen soll als den Menschen. Dennoch bist du vorsichtig, da der Druck in der Gesellschaft immer stärker wird und du dir Sorgen um deine Familie machst. Immer wieder hört man von gewalttätigen Aktionen durch Nationalsozialisten gegenüber Andersdenkenden.

 Du beginnst das Gespräch. Du bist davon überzeugt, dass das Reinigen der Hauswand richtig und gut ist, da man Paul Schneider und seine Frau unterstützen muss. Dennoch bist du dafür, schnell mit der Arbeit fertig zu werden, um mögliche Konflikte, die entstehen könnten, wenn euch jemand sieht, zu vermeiden. Dass Paul Schneider dennoch die nationalsozialistische Flagge zur Wahl gehisst hat, kannst du verstehen, zumal er den zugrundeliegenden Zwang ja vor der Kirchgemeinde öffentlich erklärt und ausdrücklich gesagt hat, dass er dadurch keine Segensanwünschung an den Staat zum Ausdruck bringen wollte. Dennoch bist du der Meinung, dass sich die Kirche aus politischen Angelegenheiten heraushalten sollte: Kirche und Politik sind zwei verschiedene Bereiche, die man klar trennen muss.

Nach dem kurzen Rollenspiel:

Eure Mitschüler*innen dürfen euch Fragen stellen zu eurer Position und zu eurer Einstellung. Wenn es zu den Fragen keine Aussagen in den Kurzbeschreibungen eurer Person gibt, versetzt euch in den von euch gespielten Charakter hinein und antwortet aus seiner Perspektive.

© 2020 Vandenhoeck & Ruprecht GmbH & Co. KG, Göttingen

3 M 5   Paul Schneider im KZ Buchenwald

Buchenwald

Kein Vogel pfeift
Im toten Wald;
Und Nebel streift,
durchnässt uns kalt.

5   Die Nacht ist blind;
Der Tag ist grau.
Wo ist ein Kind,
wo eine Frau?

In schwarzen Buchen
10   Heult und höhnt der Wind ...
Um Weimars Hügel tanzt der Schnee im Sturm.
Es grinst der schwarze Tod vom Wächterturm.

Zwölftausend Männer frieren beim Appell;
Im Mikrophon lärmt eine Stimme grell.
15   Zwölftausend Männern bellt der Ruf ins Ohr:
Sofort die Leichenträger an das Tor!
Um kahle Schädel tobt der Wintersturm.
Es grinst der schwarze Tod vom Wächterturm.

Kein Mitleid fällt uns an.
20   Woher auch Tränen nehmen
Auf diesem Berg,
in dieser Zeit?

Um dunkle Buchen
Kahl wie Besen,
25   treibt der Sturm
Nebelfetzen.

Beim Appell werden Nummern verlesen,
keine Namen.
Und wer am Morgen noch da war –
30   Ist am Abend vielleicht schon
Vergessen, gewesen.

Von diesem heisst es:
Ging über den Rost;
Von jenem:
35   Im Steinbruch erschossen.

Kumpel, Genossen!
Wir sind vergessene Leute
Eine Stunde von Weimar –
In diesem heroischen Heute.

Franz Hackel
(Buchenwald 1941)
In: Michael Moll u. Barbara Weiler (Hg.), Lyrik gegen das
Vergessen – Gedichte aus Konzentrationslagern, Marburg 1991,
S. 45. Schüren Verlag

In einem Brief schreibt Paul Schneider: 40

In dieser Hölle muss jemand von Gott sprechen.
Sonst gibt es doch keine Hoffnung. Ich muss
diesen armen geplagten Wesen sagen, dass Gott
sie liebt und sie durch seinen Sohn erlösen will.
Ich muss das Böse, dessen Zeuge ich bin, beim   45
Namen nennen und der SS klar machen, dass
sie Gottes Gericht nicht entgeht Ich bin Gottes
Botschafter hier im Lager. Wenn ich nicht pro-
testiere, mache ich mich mitschuldig an den Verbrechen. Deshalb bin ich hier [...].   50

Claude Forster, Der Prediger von Buchenwald.
Paul Schneider. Seine Lebensgeschichte,
Holzgerlingen 2001, S. 646. SCM Hänssler

1. Arbeite aus der Quelle heraus, was Paul Schneider
   als seinen Auftrag im KZ-Buchenwald sieht.
2. Paul Schneider bezeichnet das Lager als eine »Hölle«. Es sind auch Gedichte überliefert, die in Konzentrationslagern verfasst wurden und verdeut-
   lichen, wie andere Insassen die Situation in den
   Lagern wahrgenommen haben. Links auf dieser
   Seite ist ein Gedicht von Franz Hackel abgedruckt,
   welches von seiner Zeit als Häftling im KZ-Buchenwald handelt. Lies das Gedicht ausdrucksstark laut
   vor. Welche Wörter sind dir unbekannt?
3. Benenne, mit welchen sprachlichen Bildern Franz
   Hackel beschreibt, was er im KZ erlebt hat.
4. Beschreibe die Gefühle, die in dem Gedicht zum
   Ausdruck kommen.

© NEOSiAM/pexels

© 2020 Vandenhoeck & Ruprecht GmbH & Co. KG, Göttingen

»Die Verantwortung vor unserer Geschichte kennt keinen Schlussstrich«

Frank-Walter Steinmeier, Bundespräsident

»Und schließlich, bei allen Debatten, bei allen Unterschieden – eines ist nicht verhandelbar in dieser deutschen Demokratie: das Bekenntnis zu unserer Geschichte, einer Geschichte, die für unsere nach-
5 wachsenden Generationen zwar nicht persönliche Schuld, aber bleibende Verantwortung bedeutet. Die Lehren zweier Weltkriege, die Lehren aus dem Holocaust, die Absage an jedes völkische Denken, an Rassismus und Antisemitismus, die Verantwortung für
10 die Sicherheit Israels – all das gehört zum Deutsch-Sein dazu.«

Rede des Bundespräsidenten Frank-Walter Steinmeiers anlässlich des Festakts zum Tag der Deutschen Einheit am 3. Oktober 2017, abrufbar unter: http://www.bundespraesident.de/SharedDocs/Reden/DE/ Frank-Walter-Steinmeier/Reden/2017/10/171003-TdDE-Rede-Mainz.html (24.9.2019) © Bundespräsidialamt

Karl Adolf Schneider, der fünfte von sechs Kindern Paul Schneiders, schreibt 2017 über seinen Vater:

»Er war sicher kein großer Theologe, kein gro-
15 ßer Kirchenmann und auch nicht politisch besonders engagiert. Aber er war seinem Gewissen verpflichtet und hielt glaubend treu und konsequent an dem fest, was er für richtig und heil-
20 sam erkannt hatte.«

Überarbeiteter Vortrag von Karl Adolf Schneider, gehalten am 15. Oktober 2017 in der Freien evangelischen Gemeinde Kirchberg, in: Die Auslöschung jüdischen Lebens in Kirchberg/Hunsrück in der Zeit des Nationalsozialismus, hrsg. v. Manfred Stoffel u. Jochen Wagner, Kirchberg/Hunsrück 2018, S. 68–78, hier: S. 70. Edition Wortschatz

1. Nimm Stellung zu der These Frank Walter Steinmeiers, als Deutsche*r habe man aus der Geschichte heraus eine besondere Verantwortung.
2. Erörtere, ob man als Christ*in eine besondere Verantwortung für die Gesellschaft hat. Folgende Impulse kannst du für deine Überlegungen nutzen:

Jeder Christ weiß, dass paradiesische Zustände erst von Gott geschaffen werden, nicht von uns. Aber das entbindet uns nicht unserer Verantwortung, den Menschen von heute, die ihre Würde durch ihre Ebenbildlichkeit bekommen haben, helfend bei Seite zu stehen, Leid zu lindern, Recht zu schaffen und Ungerechtigkeit zu bekämpfen.
(Stephan Holthaus, Theologe)

Jeder hat das Recht auf Leben und körperliche Unversehrtheit. Die Freiheit der Person ist unverletzlich. In diese Rechte darf nur auf Grund eines Gesetzes eingegriffen werden. (GG Art. 2.2)

So gebt dem Kaiser, was des Kaisers ist, und Gott, was Gottes ist. (Mt 22,21)

Hüte deine Zunge vor Bösem und deine Lippen vor trügerischer Rede. Meide das Böse und tue das Gute, suche Frieden und jage ihm nach. (Ps 34, 14–15)

Jeder hat das Recht auf die freie Entfaltung seiner Persönlichkeit, soweit er nicht die Rechte anderer verletzt und nicht gegen die verfassungsmäßige Ordnung oder das Sittengesetz verstößt. (GG Art. 2.1)

Man muss Gott mehr gehorchen als den Menschen. (Apg. 5,29b)

Suchet der Stadt Bestes! (Jer 29,7)

Niemand darf wegen seines Geschlechtes, seiner Abstammung, seiner Rasse, seiner Sprache, seiner Heimat und Herkunft, seines Glaubens, seiner religiösen oder politischen Anschauungen benachteiligt oder bevorzugt werden. Niemand darf wegen seiner Behinderung benachteiligt werden. (GG Art. 3.3)

Die Würde des Menschen ist unantastbar. Sie zu achten und zu schützen ist Verpflichtung aller staatlichen Gewalt. (GG Art. 1.1)

Lasset euer Licht leuchten vor den Menschen. (Mt 5,16)

© 2020 Vandenhoeck & Ruprecht GmbH & Co. KG, Göttingen

4. Lernen an einem Lebensweg – Paul Schneider und die Frage nach dem Vorbild (Nicole S. Keller)

Didaktische Leitgedanken

Jeder Mensch hat Gaben, die er für sich selbst und für andere Menschen einsetzen kann. Vor allem Jugendliche wollen ihre Fähigkeiten und ihre Grenzen entdecken. Bei dieser Suche sind sie auf Zuspruch und auf Orientierung angewiesen.

Dieses Materialheft möchte Paul Schneider ganz bewusst nicht in die Rolle eines Vorbildes zwängen. Im Kontext von Schule bedarf die Erinnerung an ihn der »Erdung«, um für SuS unter Wahrung der Distanz dennoch nahbar zu werden. Der evangelische Religionspädagoge Folkert Rickers hat die Formulierung eines »kritisch gebrochenen Vorbildes« gewählt, um damit anzudeuten, dass ein Mensch, kritisch betrachtet, dem Maßstab eines perfekten Menschen nicht gerecht werden kann. Paul Schneider hat sich selbst nicht als Heiligen, sondern als Sünder in der Gnade Gottes stehend gesehen. Wichtig war ihm, die Wahrheit des Evangeliums nicht zu verraten. Das ermöglichte ihm die scharfe Trennung zwischen Gott und Abgott. Diese Wahrheit evangelischer Verantwortung hat er auf den Appellplatz hinausgerufen. Und ihr blieb er bis in den Tod verpflichtet. Die SuS werden dazu motiviert, sich mit dem Begriff des Vorbildes (4 M 1) kritisch auseinanderzusetzen. 4 M 2 führt über die Quellenarbeit von Text- und Bildmaterial bestimmte Lebenssituationen von Paul Schneider in Erinnerung, die das Bild seiner Persönlichkeit widerspiegeln. 4 M 3 versucht in Wahrnehmung der zeitlichen Distanz heutiger Jugendlicher zur NS-Vergangenheit und zu der Person von Paul Schneider danach zu fragen, was wir heute dennoch – im Abstand der Geschichte – von ihm lernen können. 4 M 3 weist aber auch auf die Begrenzung hin, die bei der Frage eines Lernens am Modell beachtet werden muss. Die Erzählung von Rabbi Sussja macht den Unterschied zwischen dem DU und dem ICH deutlich. Eine Auseinandersetzung mit der Vergangenheit führt in der Konsequenz zu der Frage nach dem eigenen Handeln und nach meiner Identität. Die Beachtung dieses Sachverhaltes ist wichtig weil nur mittels der Verantwortlichkeit jedes Einzelnen ein ERINNERN als Perspektive auf ZUKUNFT möglich erscheint.

Den Weg eines konsequenten verantwortlichen Handelns aufzuzeigen, dessen es heute – sicherlich in unterschiedlichen Facetten – dringend bedarf, ist eine Möglichkeit der Auseinandersetzung mit Paul Schneider.

Sie beginnt bei der Reflexion des Eigenen und der Bereitschaft zum Hinterfragen der eigenen Persönlichkeit und Gedankenwelt.

Die Frage nach einem Vorbild

Lesetext:

Es gibt in unserem Leben Menschen, die uns maßgeblich positiv beeinflussen. Das können die Eltern, Großeltern, Freund*innen, Stars oder historische Personen sein, die im Leben durch Fleiß, soziales Enga-
5 gement oder herausragende Leistungen etwas erreicht haben. Vorbilder sind also Personen, deren Ideale uns anregen. Wir alle haben bewusst oder unbewusst Vorbilder und bestimmte Maßstäbe, von denen wir uns leiten lassen. Menschen suchen nach Orientierung zur Vergewisserung für ihre eigenen Handlungen. Mit-
10 unter sind Vorbilder eine Herausforderung, weil wir merken, dass wir uns nicht mit ihrer Leistung oder mit ihrem Ideal messen können.

Foto: Marita Koerrenz

1. Lies den Infotext und markiere wichtige Stellen.
2. Verfasse eine eigene Definition zum Begriff *Vorbild*.
3. Betrachte das Bild. Ein Leuchtturm kann ein Symbol für ein Vorbild sein. Nenne deine Assoziationen, die an den Begriff des Leuchtturms anknüpfen.
4. Nenne Handlungen, die du in unserer heutigen Zeit für besonders vorbildhaft oder richtungsweisend hältst.
5. Diskutiert im Plenum folgende Aussage: »Vorbilder haben nur gute Eigenschaften.«
6. Denke darüber nach, inwiefern DU für andere ein Vorbild sein könntest und schreibe es auf. Tausche dein Ergebnis anschließend mit deinem*r Lernpartner*in aus.

© 2020 Vandenhoeck & Ruprecht GmbH & Co. KG, Göttingen

Pfarrer Paul Schneider, der Prediger von Buchenwald – ein Einblick in die Überlieferung

1. Lies die folgenden Texte und betrachte das Bild.
2. Beschreibe unter den Texten und dem Bild stichpunktartig deren Inhalt.
3. Notiere jeweils 2–4 Oberbegriffe oder Überschriften für die Texte und das Bild.
4. Entwirf auf der Grundlage der Quellen ein fiktives Interview mit Paul Schneider, in dem du ihn zu seinem Standpunkt, seinen Zielen und seiner Art des Widerstandes befragst.

Oberbegriff/ Überschrift	
Text	 Stelenweg in der Gedenkstätte Buchenwald, Relief von Hans Kies: Aufbau des Lagers Foto: Marita Koerrenz
Zusammenfassung	

Oberbegriff/ Überschrift	
Text	»Mein Körper könnt ihr ja töten, aber meinen Geist nicht.« Margarete Schneider, Paul Schneider. Der Prediger von Buchenwald, neu hrsg. v. Elsa-Ulrike Ross u. Paul Dieterich, Holzgerlingen 2019, S. 466 SCM Hänssler
Zusammenfassung	

Oberbegriff/ Überschrift	
Text	»Eine zentrale Ursache dafür, weshalb sich Paul Schneider von dem Gros der Bekenntnispfarrer unterschied, war seine besondere Persönlichkeitsstruktur. Sie war geprägt von einem sensiblen Gewissen und einem unbestechlichen Wahrheitssinn, der die eigene Person, wie auch andere Mitmenschen immer wieder aufs Gründlichste hinterfragen konnte. […] Eine unabdingbare Konsequenz entsprang dieser Haltung, die ihn vieles als unakzeptabel sehen ließ, was andere noch bereit waren mitzutragen […] [so] scheute er bald auch keine Haft und schließlich sogar nicht einmal seinen Tod, um für das einmal als richtig Erkannte ohne Kompromisse einzustehen.« Albrecht Aichelin, Paul Schneider. Ein radikales Glaubenszeugnis gegen die Gewaltherrschaft des Nationalsozialismus, Gütersloh 1994, S. 321. Chr. Kaiser/Gütersloher Verlagshaus
Zusammenfassung	

Oberbegriff/ Überschrift	
Text	Der Mithäftling *Arthur Dietzsch* berichtet – aus seiner Erinnerung – 1966: »Nicht allein bei der Arbeit, sondern auch beim Appell stand ich häufig in der Nähe von Paul Schneider. So auch am 1. Mai 1938 [Anm. d. Hg.: es war der 20. April 1938, Hitlers Geburtstag], wo zum ersten und letzten Mal eine Flaggenhissung stattfand, an der wir Häftlinge teilnehmen mussten. Nach dem Kommando ›Mützen ab!‹ behielt Paul Schneider zum Entsetzen aller um ihn Stehenden seine Mütze auf dem Kopf. Auf meinen leisen Zuruf: ›Paul, mach' keine Dummheiten!‹ reagierte er nicht. Nach dem Wegtreten eilte ich sofort auf Paul Schneider zu und fragte ihn, weshalb er die Mütze nicht abgenommen habe. ›Dieses Verbrechersymbol grüße ich nicht‹, antwortete er mit ungewöhnlicher Heftigkeit.« Margarete Schneider, Paul Schneider. Der Prediger von Buchenwald, neu hrsg. v. Elsa Ulrike Ross u. Paul Dieterich, Holzgerlingen ³2019, S. 459. SCM Hänssler
Zusammenfassung	

Oberbegriff/ Überschrift	
Text	Der Mithäftling *Arthur Dietzsch* berichtet im Rückblick 1966: »Wochenlang zog ich am gleichen Knüppel einer Lore im Kommando SS-Führersiedlung … Ich war noch nicht lange bei diesem Kommando, als mir ein Posten die Mütze vom Kopf riss und sie weit weg warf. Unwillkürlich wollte ich den Knüppel loslassen und meiner Mütze nacheilen. Da rief mir Paul Schneider zwischen den Zähnen zu: ›Nicht loslassen! Hierbleiben!‹ Ich verstand. Die Posten erhielten für jeden ›Fluchtversuch‹, der durch ihre Tatkraft gescheitert war, drei Tage Urlaub und eine Sondervergütung in Geld, außerdem wurden sie bevorzugt befördert. Der Beweis für einen Fluchtversuch lag immer dann vor, wenn der Häftling im Rücken getroffen war. Paul Schneider hat mir durch seine Warnung also buchstäblich das Leben gerettet. […]« Margarete Schneider, Paul Schneider. Der Prediger von Buchenwald, neu hrsg. v. Elsa-Ulrike Ross u. Paul Dieterich, Holzgerlingen ³2019, S. 458 f. SCM Hänssler
Zusammenfassung	

© 2020 Vandenhoeck & Ruprecht GmbH & Co. KG, Göttingen

1. Lies die beiden kurzen Texte. Erkläre die Bedeutung der Formulierung »mit Ecken und Kanten«.
2. Was kannst du mit deinem Wissen über Paul Schneider von ihm lernen? Begründe deine Antwort und beachte den Hinweis auf die Notwendigkeit der Wahrung und Beachtung der Distanz.

Kann Paul Schneiders Haltung damals Vorbildcharakter für uns heute haben?

Ein klares »Ja«. Er zeigt uns, dass wir unseren Überzeugungen folgen können, auch wenn nicht alle um
5 uns herum es gut finden. Sein Handeln kann uns helfen zu erkennen, was wichtig ist.

Auch wenn man sich sicherlich fragen kann, ob es nötig war, seine Frau und seine Kinder allein zurückzulassen, hat seine Frau Gretel betont, dass es der rich-
10 tige Weg war. Nicht der leichteste, aber der richtige. Es ist wichtig, Vorbilder zu haben, auch wenn man nicht alle ihre Ansichten teilt. Vorbilder mit Ecken und Kanten. Vorbilder, die man manchmal auch nicht versteht. Paul Schneider war kein Held, er hatte auch
15 Schwächen, er zweifelte. Aber er ist ein Vorbild. Nicht um ihn eins zu eins zu kopieren, sondern um Dinge zu lernen und ins eigene Leben zu übersetzen. Wir brauchen solche Lebensbilder.

Schriftliches Interview mit Pfarrer Dr. Jochen Wagner, Kirchberg/Hunsrück 2020

Paul Schneider – das ist bei Dietrich Bonhoeffer so,
das erfahren wir bei Sophie Scholl und bei vielen, die 20
ihren Glauben und ihr Eintreten für das Leben mit
ihrem Leben bezahlt haben – wird uns zum Segen,
wenn wir die Distanz zu ihm wahren. Wenn wir uns
klar machen: Er steht uns gegenüber. Als solcher fragt
er uns nach den Kräften, aus denen wir leben. Nach 25
den Zielen, für die wir arbeiten. [...]

Paul Dieterich, Vorwort, in: Markus Geiger, Pfarrer Paul Schneider und seine Rezeptionsgeschichte, Heidelberg 2007. Mattes Verlag

3. Lies den folgenden Text aus den Erzählungen der Chassidim [jüdische religiöse Strömung]:

DIE FRAGEN DER FRAGEN

Vor dem Ende sprach Rabbi Sussja: »In der kommenden Welt wird man mich nicht fragen: ›Warum bist du nicht Mose gewesen?‹ Man wird mich fragen: ›Warum bist du nicht Sussja gewesen?‹«

Martin Buber, Die Erzählungen der Chassidim, Zürich 1990, S. 394. Manesse Verlag

---

4. Erkläre die Bedeutung dieses Textes.
5. Denke über den folgenden Satz nach: »ICH BIN ICH.«
6. Schreibe deine Gedanken auf und überlege dir, welche Eigenschaften dich ausmachen. Sind dies nur gute Eigenschaften oder würdest du deine Eigenschaften gerne verändern?
7. Denke nun darüber nach, was für eine Persönlichkeit du SEIN bzw. WERDEN möchtest. Schreibe das Wort ICH in die Mitte eines Zettels und gestalte eine Mindmap. Falte anschließend das Papier und lege es in deine Religionsmappe.

5. Politische und gesellschaftliche Verantwortung heute (Stefanie Espig)

Didaktische Leitgedanken

Paul Schneider hat sich in seinem Selbstverständnis nicht als einen politischen Widerstandskämpfer gesehen. Die Wahrheit des Evangeliums zu bewahren, bestimmte die Motivation seines Handelns. Dies allerdings führte in dem totalitären System des NS-Staates zu politischen Konflikten. In diesem Kapitel geht es darum, SuS einen Einblick in die Relevanz christlicher Theologie im Kontext politischer Öffentlichkeit heute zu geben. In 5 M 1 geht es dabei zunächst um die Wahrnehmung der Unterschiedlichkeit der politischen Situation in einer Diktatur und in einer Demokratie. Diente damals die Weigerung der Teilnahme an der Reichstagswahl der Offenlegung des Wahlbetruges [es handelte sich um Scheinwahlen], so gehört die Teilnahme an der Bundestagswahl heute zur Förderung des demokratischen Staates. SuS wird die Möglichkeit gegeben, die Unterschiedlichkeit der politischen Systeme wahrzunehmen und zu reflektieren.

In 5 M 2 geht es um das Dilemma der Entscheidung des Einzelnen, zu einem Unrecht zu schweigen oder es auszusprechen und offenzulegen. Das Verschweigen von Unrecht findet täglich statt und ist auch im Schulalltag präsent. Deshalb lässt sich hier an die Erfahrungswelt der SuS anknüpfen.

5 M 3 setzt den Bericht von Karl Adolf Schneider aus Kapitel 1 mit der Reflexion der Versöhnungsarbeit seiner Mutter Margarete Schneider fort. Versöhnung ist ein biblisches Thema. Zahlreiche Beispielgeschichten dazu finden sich sowohl im Alten als auch im Neuen Testament. Auch hier läßt sich – vermittelt über biblische Erzählung – an die Alltagswirklichkeit der SuS anschließen.

Unterschiedliche Aspekte des Protestes in Zitaten von SuS und Studierenden (5 M 4 und 5 M 5) möchten zur Diskussion über heutige Herausforderungen zum politischen Handeln anregen. Die angesprochenen Themen sind dabei als Vorschläge zu verstehen. Diese können durch aktuelle Themen ergänzt oder ersetzt werden. Wichtig ist es, den SuS aufzuzeigen, dass christliche Religion nicht im luftleeren Raum steht, sondern eine gesellschaftspolitische Relevanz hat. Ein wichtiges Thema im Anschluss an eine Unterrichtseinheit zu Paul Schneider ist die Auseinandersetzung von Christ*innen mit dem Rechtsradikalismus in unserer Gesellschaft. Hier bietet die kirchliche Aktion »Nächstenliebe verlangt Klarheit. Kirche gegen Rechtsextremismus« oder die Aktion »Schule ohne Rassismus – Schule mit Courage« gute Möglichkeiten der thematischen Anknüpfung. Materialien hierzu finden sich im Internet.

5 M 1 »Er hat nicht gewählt. Vaterland?? Volk, was sagst du??!!« Wahlen damals und heute

1. Lies folgenden Text über die Wahlen 1936.

Am 29.3.1936 fanden in Deutschland Wahlen für den Reichstag statt, die angesichts der einzig auf dem Wahlzettel gekennzeichneten Ja-Spalte eine reine Propagandaveranstaltung [Beeinflussung] des NS-Regimes

5 waren. Kurz zuvor, am 7.3.1936, war die deutsche Wehrmacht in das zuvor entmilitarisierte Rheinland einmarschiert. Hitler tat somit einen wich-

10 tigen Schritt, um den Versailler Vertrag [Friedensvertrag nach Ende des Ersten Weltkrieges 1919] praktisch aus den

15 Angeln zu heben. Die Wahlen vom März 1936 sollten in erster Linie diese Außenpolitik auch gegenüber dem Ausland

20 scheindemokratisch legitimieren. In Deutschland herrschte in jenen Tagen überschwängliche Hochstimmung, der sich auch weite Teile der evangelischen Kirche nicht entzogen. So stimmte etwa der Landeskirchenausschuß der APU

25 [Evangelische Kirche der altpreußischen Union; Bezeichnung für die Unionskirche im preußischen Staat; ab 1953 Evangelische Kirchen der Union; ab 2003 UEK Union Evangelischer Kirchen] einer entsprechenden Anordnung des Berliner Oberkirchenrates zu, die für

30 den Wahlsonntag geplanten Konfirmationen zu verlegen, um »damit zu beweisen, daß die deutsche evan-

Reichstag für Freiheit und Frieden
Wahlkreis Magdeburg

Nationalsozialistische Deutsche Arbeiterpartei

Adolf Hitler

Heß Frick Göring Goebbels Eggeling

© dpa

gelische Christenheit mit ganzem Herzen für Volk und Führer … einsteht«. Auch der Vorsitzende des Reichskirchenausschusses Zöllner machte in einem Wahlaufruf aus seiner Begeisterung keinen Hehl. Zu den we- 35 nigen, die sich dieser allgemeinen Euphorie in Form eines Wahlboykotts [Verweigerung, auf Zwang zu wählen] oder einer Nein-Stimme entzogen, 40 gehörten auch etliche Pfarrer der Bekennenden Kirche [Vereinigung von Pfarrern, die gegen das NS-Regime waren], 45 unter ihnen Paul Schneider mit seiner Frau. Beide blieben am Wahltag zu Hause, eine Tatsache, die seitens der örtlichen 50 Parteigenossen registriert und weitergeleitet wurde. Das Ehepaar bekam die Reaktion einiger Nationalsozialisten, vermutlich aus der Nachbargemeinde, am darauffolgenden Sonntag aber auch noch ganz direkt zu spüren; mit roter Farbe war 55 das Pfarrhaus beschmiert: »Er hat nicht gewählt. Vaterland?? Volk, was sagst du??!!«

Albrecht Aichelin, Paul Schneider. Ein radikales Glaubenszeugnis gegen die Gewaltherrschaft des Nationalsozialismus, München 1994, S. 113 ff. Chr. Kaiser/ Gütersloher Verlagshaus

2. Informiere dich mittels folgenden Materials über das heutige Wahlsystem. Inwiefern unterscheidet es sich von der Wahl 1936? Die Bilder geben dir einen Hinweis darauf. Tausche dich mit deinem*r Banknachbar*in darüber aus.

Lesetext:

Das Wahlrecht (Wr.) im umfassenden Sinne des Begriffs enthält alle rechtlich fixierten Regelungen, die die Wahl von Körperschaften oder von Amtsträgern betreffen. Das Wr. im engeren Sinne definiert das Recht,
5 an der Wahl von Körperschaften oder Amtsträgern teilzunehmen, und zwar aktiv als Wahlberechtigter und passiv als wählbare Person. Die Prinzipien des engeren Wr.s sind in der Regel verfassungsrechtlich normiert. In den modernen Demokratien wird nach
10 allgemeinem, gleichem, direktem und geheimem Wr. gewählt. Diese Merkmale demokratischer Wahlen haben sich erst im Laufe der Zeit durchgesetzt. Dabei hat sich auch ihr Verständnis gewandelt. Heute besagen die Begriffe:

15 **Allgemein:** unabhängig von Geschlecht, Rasse, Sprache, Einkommen oder Besitz, Beruf, Stand oder Klasse, Bildung, Konfession oder politischer Überzeugung sind alle Staatsbürger stimmberechtigt, die einige unerlässliche Voraussetzungen erfüllen: ein
20 bestimmtes Alter, Staatsbürgerschaft, Wohnsitz im Wahlgebiet, Besitz der geistigen Kräfte und der bürgerlichen Ehrenrechte, volle rechtliche Handlungsfähigkeit. Das Wohnsitzerfordernis hat in den 1990er Jahren durch die Ermöglichung der Ausübung des
25 Wr.s für Staatsbürger, die im Ausland leben (external voting) an Bedeutung abgenommen (Nohlen/Grotz 2007).

Gleich: jeder Wahlberechtigte besitzt das gleiche Stimmgewicht – der Zählwert der Stimmen der Wahl-
30 berechtigten muss gleich sein. Das heißt zum einen, dass alle (historischen) Klassen-, Kurien- und Pluralwahlrechte mit dem Gleichheitssatz unvereinbar sind, zum anderen, dass die Wahlkreiseinteilung in Wahlsystemen, deren Auswirkungen wesentlich vom Wahl-
35 kreis abhängen, stets daraufhin zu überprüfen ist, ob das Verhältnis der Bevölkerungszahl zur Zahl der zu wählenden Abgeordneten in den Wahlkreisen den Gleichheitsgrundsatz nicht verletzt.

Direkt: die Wähler bestimmen selbst ohne »Zwi-
40 schenschaltung eines fremden Willens zwischen Wählern und Abgeordneten bei oder nach der Wahlhandlung« (K.-H. Seifert) die Mandatsträger.

Geheim: es muss rechtlich und organisatorisch gewährleistet sein, dass der Wähler eine nicht von anderen erkennbare Wahlentscheidung treffen kann. 45

https://www.bpb.de/nachschlagen/lexika/handwoerterbuch-politisches-system/202211/wahlrecht-wahlsystem (21.02.2020); aus: Dieter Nohlen, Wahlrecht/Wahlsystem, in: Uwe Andersen u. Wichard Woyke (Hg.), Handwörterbuch des politischen Systems der Bundesrepublik Deutschland, Heidelberg [7]2013. Springer VS

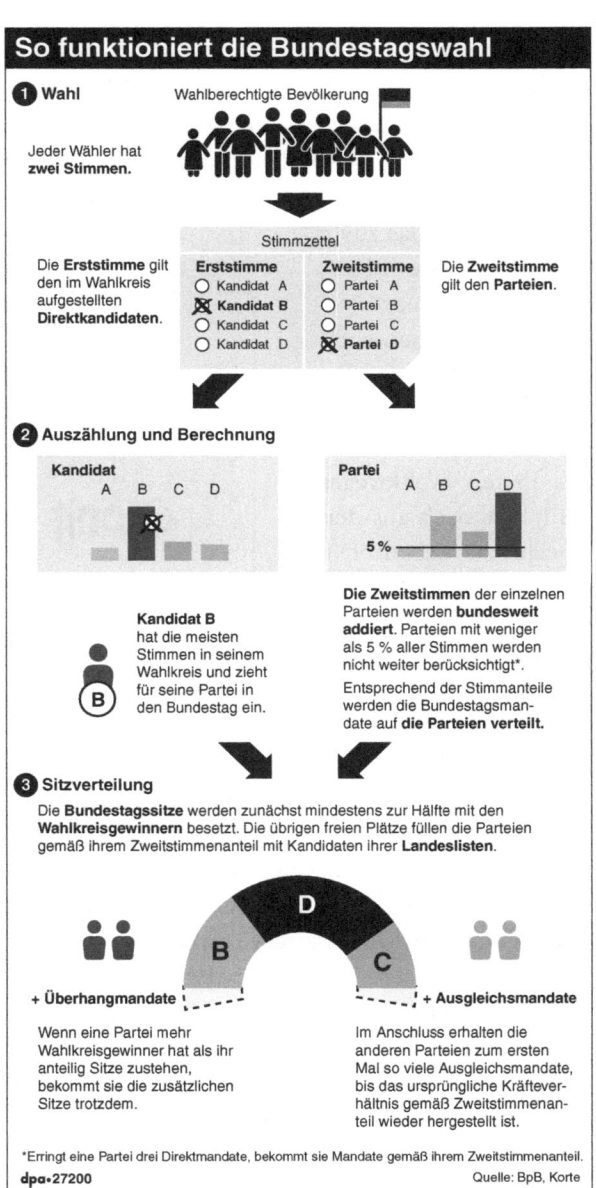

© dpa-infografik

3. Erörtert im Plenum die Auswirkungen, die ein Nichtwählen in der Demokratie heute mit sich bringen kann. Erstellt in Zweier-Gruppen Plakate mit Argumenten für die Teilnahme an der Bundestagswahl. Erörtert zuvor, warum es im Gegensatz zu der Scheinwahl 1936 in einer Demokratie wichtig ist, an der Wahl teilzunehmen.

© 2020 Vandenhoeck & Ruprecht GmbH & Co. KG, Göttingen

Das Aussprechen des Unrechts als Christenpflicht

»Ich und wir alle haben ja in unseren Predigten nie zu viel, sondern immer zu wenig gesagt.«

Claude Foster, Paul Schneider. Der Prediger von Buchenwald, Holzgerlingen 2001, S. 588. SCM Hänssler

Paul Schneider erwähnte in einem Brief an seine Frau (14. November 1937) aus dem Gefängnis in Koblenz, dass er und auch andere Pfarrer der Bekennenden Kirche eher zu wenig als zu viel gesagt hätten.

Gedenkstätte Buchenwald. Foto: Stefanie Espig

1. Erläutere diese Aussage von Paul Schneider im Plenumsgespräch.
2. Kennst du das Gefühl, geschwiegen zu haben, obwohl du hättest reden sollen? Schreibe einen Tagebucheintrag zu einem von dir gewählten Erlebnis.
3. Elie Wiesel, Friedensnobelpreisträger und Überlebender des Holocaust, äußerte in Bezug auf die Aufgabe der Erinnerung an die Verbrechen der NS-Zeit in seinem Werk »Gesang der Toten«*:
»Darüber zu sprechen, ist unmöglich, darüber zu schweigen, verboten.«
Erläutere den Satz von Elie Wiesel in einem Plenumsgespräch.
4. Setzt euch kreativ mit der Wortgruppe »Tödliches Schweigen« auseinander. Geht dabei speziell darauf ein, warum es wichtig ist, geschehenes Unrecht beim Namen zu nennen und nicht zu ignorieren. Ideen könnten bspw. Bilder, selbstgeschriebene Gedichte und Texte, Zeichnungen, Filmsequenzen etc. sein. Veranstaltet anschließend einen Galeriegang mit euren Arbeitsergebnissen.
5. Erläutere das oben abgebildete Foto und erkläre den Zusammenhang zwischen TEXT und BILD.

*Elie Wiesel, Gesang der Toten. Erzählungen, München 1968. Bechtle

5 M 3 Karl Adolf Schneider über das Erbe seines Vaters Paul Schneider für uns heute

[…] Mitten im »Kalten Krieg« als die Blöcke wie Felsen sich unversöhnlich gegenüberstanden, auf der einen Seite der Ostblock auf der anderen Seite die sogenannte »Freie Welt«, dort der Warschauer Pakt,
5 hier die Nato, fand 1954 der Evangelische Kirchentag in Leipzig statt. Im kommunistisch beherrschten Teil des geteilten Deutschlands feierten die Evangelischen Christen unter dem Motto »Seid fröhlich in Hoffnung, geduldig in Trübsal, beharrlich im Gebet«
10 nach Römer 12,12. Es war der letzte gesamtdeutsche Evangelische Kirchentag bis zur Wiedervereinigung.

Meine Mutter war zu diesem Kirchentag gereist, in der Hoffnung, Buchenwald besuchen zu können. Sie nahm Kontakt zur damaligen »Ost-CDU« auf, wurde
15 sehr zuvorkommend behandelt, und von offizieller Seite bis in die enge Zelle gebracht, in der mein Vater so lange gelitten hatte. Als sie die kahlen Wände sah, sagte sie: »Da fehlt doch noch was, mein Mann war Pfarrer, darauf sollte ein Bibelwort hinweisen.« – Meiner
20 Mutter fiel spontan das Wort aus 2. Korinther 5,20 ein:

> »So sind wir nun Botschafter an Christi statt; denn Gott vermahnt durch uns; so bitten wir nun an Christi statt: Lasset euch versöhnen mit Gott.«

Kurz darauf haben die atheistischen DDR-Behörden 25 dieses biblische Wort der Versöhnung dort angebracht. Über eine ganze Wand sind in eine Eichentafel diese Worte eingeschnitten.

Bis heute werden die Besucher darauf hingewiesen: Wer mit Gott versöhnt ist, ist auch mit sich selbst 30 versöhnt. Wer mit sich selbst versöhnt ist, kann dem Nächsten, ja auch dem Gegner nichts Böses wollen. So ist dieses Wort der Versöhnung zwischen zwei feindlichen Welten und zwischen den Religionen, in einer Zelle der Folter und Qual geschrieben, bis heute die 35 Mahnung zum Frieden.

Rede von Karl Adolf Schneider am 11. September 2017 in der Petrikirche Münster bei der Communita Sant'Egidio

---

1. Lies den Text des Sohns von Paul Schneider aufmerksam. Er berichtet von dem letzten gesamtdeutschen Kirchentag vor dem Bau der Mauer. Ein Schwerpunkt dieses Kirchentages war der Umgang mit der Geschichte des Nationalsozialismus. Dieser Kirchentag gilt als Impulsgeber für die OSTDENKSCHRIFT der EKD 1965 [Evangelische Kirche in Deutschland]. Diese Denkschrift ist ein wichtiger Baustein für die späteren Ostverträge der westdeutschen Bundesregierung mit der DDR gewesen.

2. Margarete Schneider, der Frau Paul Schneiders, war es wichtig, bei ihrem Besuch in der Gedenkstätte Buchenwald im Jahr 1954 darum zu bitten, einen Bibelvers in der ehemaligen Gefängniszelle anbringen zu lassen. Der vom Atheismus geprägte DDR-Staat hat das Bibelwort wunschgemäß an der Wand der ehemaligen Zelle auf einer Holztafel angebracht. Erläutere die Gründe für dieses Vorgehen! Folgende Übersetzung des Zitates aus der Guten Nachricht kann dir helfen, einen eigenen Zugang zu dem Bibelwort zu finden:

> Uns […] hat Christus den Auftrag und die Vollmacht gegeben, diese Botschaft überall bekannt zu machen. Ja, Gott selbst ist es, der durch uns die Menschen ruft. So bitten wir im Auftrag von Christus: »Bleibt nicht Gottes Feinde! Nehmt die Versöhnung an, die Gott euch anbietet!«
>
> 2. Kor 5,20. Gute Nachricht Bibel, durchgesehene Neuausgabe, © 2018 Deutsche Bibelgesellschaft, Stuttgart

3. Ein wichtiger Begriff aus dem Zitat ist das Wort »Versöhnung«. Was bedeutet »Versöhnung«? Definiere den Begriff zusammen mit deinem*r Lernpartner*in. Was sind typische Gesten von Versöhnung? Kennst du Bibelgeschichten, in denen Versöhnung zwischen Menschen thematisiert wird? Sammle deine Ideen auf einem Arbeitsblatt.

© 2020 Vandenhoeck & Ruprecht GmbH & Co. KG, Göttingen

5 M 4   »Ich lege Protest ein.« *

Paul Schneider hat in der Zeit der NS-Diktatur gelebt und trotz Verbot mutig seinen Protest zum Ausdruck gebracht. Wir leben heute in einer Demokratie. Das bedeutet, dass jeder Staatsbürger und jede Staatsbürgerin ein Recht auf eine freie Meinungsäußerung hat. Dieses Recht wurde im Laufe der Geschichte für unterschiedliche Anliegen wahrgenommen. So gab es z. B. eine große Protestbewegung gegen die atomare Aufrüstung in den 80er Jahren in Westdeutschland. In Ostdeutschland hat Ende der 80er Jahre die Friedliche Revolution, bei der die Kirchen eine wichtige Rolle gespielt haben, zunächst zum Mauerfall und schließlich zur Wiedervereinigung geführt.

Heute liegen die drängenden Fragen im Bereich der Klimakrise. *Deshalb protestieren viele Jugendliche regelmäßig Freitagmorgens für die Einhaltung der Klimaziele des UN-Beschlusses von Paris aus dem Jahre 2015. Dafür bestreiken sie den Schulunterricht. Sie haben sich in der Bewegung »Fridays for Future« organisiert.*

Foto: Marita Koerrenz

1. Informiere dich über »Fridays for Future«. Lege dabei Wert auf folgende Aspekte:
   - Gründe für die Bestreikung des Unterrichts
   - Rechtliche Grundlage der Schulpflicht
   - Greta Thunberg
   - Konsequenzen für Schüler*innen?
2. Erläutere das Bild mit dem Protestplakat und fertige in Partnerarbeit ein Plakat an, welches das Anliegen der Protestbewegung deutlich macht.

* vgl. Claude Foster, Paul Schneider. Der Prediger von Buchenwald, Holzgerlingen 2001, S. 646. Chr. SCM Härssler

© 2020 Vandenhoeck & Ruprecht GmbH & Co. KG, Göttingen

5 M 5 »Wenn du unentschlossen bist zwischen zwei Dingen, so wähle das Dir weniger Bequeme.« *

Jeder Mensch steht im Laufe seines Lebens an unzähligen Scheidewegen.
Ein Beispiel: Soll ich eingreifen, wenn ein Mitschüler, eine Mitschülerin gemobbt wird und riskieren, dadurch vielleicht selbst ausgegrenzt zu werden?

1. Lies folgende Statements von Schüler*innen und Studierenden. Erläutere den Zusammenhang zur Verantwortungsübernahme in den einzelnen Statements.

> *Marie, 18.*
> Meiner Meinung nach ist es wichtig, dass man so früh wie möglich damit beginnt Kindern und Jugendlichen Toleranz und Akzeptanz nahezubringen. So können sie Verantwortung übernehmen und sich für zum Beispiel Menschenrechte und Gleichberechtigung einsetzen. Denn wir alle sind letztendlich eine Gemeinschaft und sitzen im selben Boot. Menschen daraus auszuschließen, weil sie beispielsweise eine andere Hautfarbe haben, aus einer anderen Kultur kommen oder eine von der Heteronorm abweichende Sexualität ausleben, darf nicht geduldet werden. Engagement diesbezüglich ist altersunabhängig, denn Diskriminierung und Hass kennt schließlich auch keine (Alters-)Grenzen.

> *Zippora, 18, Schülerin.*
> Ich bestreike freitags die Schule, weil ich der Meinung bin, dass die Politik endlich anfangen muss zu handeln. Gerade macht die Bundesregierung noch viel zu wenig dafür, um das 1.5 °C-Ziel vom Pariser Abkommen zu erreichen und den Klimawandel aufzuhalten. Die aktuelle Politik und Wirtschaft in Deutschland würde zu einer Erderwärmung von 3 °C führen. Wir müssen den Klimawandel endlich als reale Bedrohung ernst nehmen und endlich versuchen, dieses Problem zu lösen. Dazu können wir aber nicht immer so weitermachen wie zuvor. Dazu brauchen wir einen Wandel in der Politik und Wirtschaft. Und weil dieser Wandel nicht alleine von oben kommen wird, müssen wir von unten nachhelfen und diese Veränderungen einfordern.

> *Kiwi, 18, Schüler.*
> Ich habe mich oft gefragt, wie es 1933 so kommen konnte, leider lebe ich in einer Zeit, wo sich Geschichte wiederholt. Nach einigen Geschichtswissenschaftler*innen hätten die Ereignisse von 1933 spätestens 1928 bekämpft werden müssen. Deswegen engagiere ich mich auf der Straße, aber auch privat, damit sich Geschichte nicht wiederholt. Leider wird das immer schwieriger, da der Faschismus wieder in der Mitte der Gesellschaft angekommen ist.
> Deswegen müssen wir für eine offene und solidarische Gesellschaft zusammenarbeiten und Verantwortung für ein Miteinander übernehmen.

2. Besprich die Statements mit deinem*r Lernpartner*in. Musstet ihr euch schon einmal entscheiden, Verantwortung zu übernehmen und euch für das »weniger Bequeme« einzusetzen? Verfasst zu zweit ein eigenes Statement und schreibt es auf eine Moderationskarte. Sammelt eure Texte an der Tafel.
3. Sucht euch das streitbarste Thema heraus und reflektiert eure Erfahrungen in einer Diskussion.

* Albrecht Aichelin, Paul Schneider. Ein radikales Glaubenszeugnis gegen die Gewaltherrschaft des Nationalsozialismus, Gütersloh 1994, S. 41

© 2020 Vandenhoeck & Ruprecht GmbH & Co. KG, Göttingen

6. Paul Schneider aus ökumenischer Sicht (Marita Koerrenz)

Didaktische Leitgedanken

Paul Schneider ist nicht nur ein Blutzeuge [weil er die Bezeugung des Glaubens mit dem Tod bezahlt hat] der Bekennenden Kirche gewesen, sondern gilt heute als ein Märtyrer des 20. Jahrhunderts. An ihn und sein Zeugnis wird von der römisch-katholischen Kirche über die Konfessionsgrenzen hinweg gedacht. Die Erinnerung an die Menschen, die für den christlichen Glauben gestorben sind, trennt die Kirchen nicht, sondern verbindet sie im ökumenischen Geist miteinander. Aus diesem Grund eignet sich eine Unterrichteinheit zu Paul Schneider im konfessionell-kooperativen Religionsunterricht in besonderer Weise. Sowohl für evangelische als auch für katholische SuS kann der »Blick nach Rom« und die Entdeckung der Präsenz von Paul Schneider in der ökumenischen Erinnerungskultur ein wichtiger Lernschritt sein. In der heutigen Sicht auf die Zeit findet sich sowohl ein gemeinsames ökumenisches Miteinander als auch eine konfessionelle Vielfalt. Die evangelische Kirche kennt keine Märtyrer- und Heiligenverehrung. Gleichwohl findet sich auch in der evangelischen Tradition ein Gedenken an die sogenannten Zeugen des 20. Jahrhunderts. Dieses Gedenken ist jedoch weniger liturgisch ausgerichtet. Reliquien gibt es z. B. in der evangelischen Kirche nicht. Wichtig ist in diesem Zusammenhang das Wahrnehmen unterschiedlicher Formen des Vergegenwärtigens von gelebtem Glauben. Konfessionssensibilität beginnt mit dem Erspüren der Bedeutung – des zunächst für die eigene Tradition Fremden – für die Spiritualität in der Schwesterkonfession.

6 M 1 zeigt anhand einer Ikone aus Rom auf, dass an Märtyrer des 20. Jahrhunderts aus der orthodoxen, katholischen und evangelischen Tradition (Paul Schneider und Dietrich Bonhoeffer) gemeinsam gedacht wird. 6 M 2 bietet eine Reflexion über Paul Schneider aus katholischer Sicht. Diesen Text hat Dr. Cesare Zucconi aus der Gemeinschaft Sant'Egidio in Rom für dieses Materialheft verfasst.

6 M 3 weist mit »Aktion Sühnezeichen« auf die heutige weltweite Aufgabe des aktiven Gedenkens hin. Dieser Punkt ist bewusst offen gestaltet, da sich hier unterschiedliche Anknüpfungspunkte für Jugendliche ergeben, die in Form von Beiträgen der SuS in das Unterrichtsgeschehen eingebracht werden können.

6 M 1 Die katholische Kirche gedenkt Paul Schneiders

In einem Brief sendet der Leiter der Gemeinschaft Sant'Egidio Cesare Zucconi dieses Ikonenbild und schreibt dazu folgende erklärende
5 Worte:

Hier sehen wir die Ikone der Neuen Märtyrer, die auf dem Hauptaltar in der Basilika von San Bartolomeo abgebildet ist. Die Kirche ist
10 der Gemeinschaft Sant'Egidio seit 1993 anvertraut und ist seit dem Jahr 2001 die Gedenkstätte der Neuen Märtyrer in Rom. In der Seitenkapelle, die den Märtyrern
15 des Nationalsozialismus gewidmet ist, befindet sich ein originales Schreiben von Paul Schneider aus dem KZ Buchenwald an seine Frau. Dieser Brief wurde uns von der Fa-
20 milie Schneider und der Rheinischen Landeskirche anvertraut.

Für die Katholische Kirche hat der Brief die Bedeutung einer Reliquie. Sie symbolisiert die Gegen-
25 wart des Märtyrers. Deshalb wird die Reliquie in einem geschmückten Gefäß an einem besonderen Ort aufbewahrt. In der Evangelischen Kirche gibt es keine Reli-
30 quien. Hier liegt ein Unterschied zwischen katholischer und evangelischer Frömmigkeit vor.

Renata Sciachi, Die Neuen Märtyrer (Ikone)
Foto: Cesare Zucconi

Die Ikone (vgl. Bild) wurde von Renata Sciachi, einem Mitglied von Sant'Egidio, gemalt. In der Mitte der Ikone, unter der brennenden Osterkerze, ist Paul Schneider abgebildet in der Bunkerzelle.

1. Betrachte das Bild. Erkläre den Titel des Bildes »Die Märtyrer des 20. und 21. Jahrhunderts«. Der Begriff »Märtyrer« hat in der römisch-katholischen Tradition eine bestimmte Bedeutung. Versucht den Begriff im Lerngruppengespräch zu klären.
2. Diskutiert die Frage, ob Paul Schneider als ein Märtyrer bezeichnet werden sollte.
3. Klärt in einem Plenumsgespräch den Begriff »Reliquie«.

© 2020 Vandenhoeck & Ruprecht GmbH & Co. KG, Göttingen

»Der Prediger von Buchenwald« in ökumenischer Perspektive

Papst Johannes Paul II., 1920 in Wadowice, Polen, geboren, hat die Schrecken des Krieges gekannt. Er war 19 Jahre alt, als Nazi-Deutschland in sein Land einfiel und eine systematische Vernichtung vieler Teile der
5 Bevölkerung begann, angefangen mit den Juden, die 10 % der polnischen Bürger ausmachten. Er selbst hatte viele seiner jüdischen Freunde verschwinden sehen. Viele Christen, darunter Priester und Bischöfe, fanden ebenfalls den Tod. Als er 1978 Papst wurde, wollte
10 Karol Wojtyla [bürgerlicher Name von Papst Johannes Paul II.] die ganze Kirche an das Zeugnis der Vielen erinnern, die ihr Leben verloren hatten, weil sie dem Evangelium und ihrer Mission als Christen treu geblieben waren. Es waren die Christen, die aufgrund der
15 beiden Totalitarismen, dem kommunistischen und dem nazifaschistischen, den Tod fanden, die die Geschichte des letzten Jahrhunderts prägten. In der Seitenkapelle, die den Märtyrern des Nationalsozialismus gewidmet ist, befindet sich ein Brief, den Paul Schneider kurz vor
20 seinem Tod an seine Frau schrieb. Wahrscheinlich sind die »neuen Märtyrer«, wie der Papst sie definierte, viel zahlreicher als die Märtyrer der ersten Jahrhunderte der Kirchengeschichte. Am 7. Mai 2000 wollte Papst Johannes Paul II. bei der Feier zum Gedenken an die neuen
25 Märtyrer in Rom in der Nähe des Kolosseums (dem Ort, an dem in den ersten Jahrhunderten so viele Christen starben) an die zeitgenössischen Märtyrer erinnern. Unter den Namen, die an diesem Abend im Kolosseum erwähnt wurden, ist auch der des evangelischen Pfarrers Paul Schneider. Tatsächlich betonte der Papst, dass
30 die »neuen Märtyrer« nicht nur für Katholiken, sondern auch für Protestanten, Orthodoxe und für andere christliche Konfessionen stehen. Diejenigen, die sie getötet haben, achteten nicht auf ihre Konfession. Für den
35 Mörder waren sie Christen und das war's. So lebten die Christen aller Konfessionen in den Schwierigkeiten, in der Verfolgung, eine tiefe ökumenische Einheit (Papst Franziskus sprach von der Ökumene des Blutes), die in gewisser Weise die Einheit unter den Christen vorwegnimmt, die es bis heute noch nicht gibt. Ihr Zeugnis
40 sagt uns, dass die Einheit unter den Christen möglich ist. Es gibt viele Geschichten von Gemeinschaft und Solidarität unter Christen in den Konzentrationslagern der Nazis oder in den sowjetischen Gulags.

Aber wer sind diese Märtyrer? Sie sind keine Hel-
45 den, Menschen, die ihr Leben in Gefahr gebracht haben, weil sie fanatisch waren oder den Tod nicht fürchteten. Die Märtyrer wollten nicht sterben. Oscar Romero, der Bischof von San Salvador, der 1980 getötet wurde, hatte angesichts der vielen Bedrohungen,
50 die er erlitt, Angst. Aber er fühlte, dass er als Bischof nicht aufgeben konnte, die Stimme der ärmsten Menschen in seinem Land zu sein, um sie vor einem autoritären Regime in den Händen der Oligarchien, die sie unterdrückten, zu verteidigen. Und dafür wurde er
55 getötet. Maximilian Kolbe, der in Auschwitz internierte Franziskaner, wollte nicht sterben, sondern bot sein Leben an, um einen Familienvater zu retten. Die Nonnen, die wegen der Ausbreitung von Ebola im Kongo starben, suchten nicht den Tod, sondern fühlten, dass
60 sie die Kranken nicht im Stich lassen konnten. Paul Schneider suchte nicht den Tod, aber als Pfarrer hatte er das Gefühl, diejenigen trösten und ermutigen zu müssen, die wie er im Lager Buchenwald waren. Er war überzeugt, dass gerade an diesem Ort, der gott-
65 los zu sein schien, das Evangelium nötig gebraucht wurde. Die Märtyrer sagen uns, dass Christ zu sein bedeutet, eine radikale Entscheidung im eigenen Leben zu treffen. Christ zu sein, wie Paul Schneider uns offenbart, bedeutet nicht, dem Strom zu folgen (kein
70 Mitläufer zu sein), sondern vor allem auf Gott und das eigene Gewissen zu hören. Paul Schneider wollte dem Hakenkreuz nicht huldigen, denn für ihn gab es nur das christliche Kreuz. Man konnte nicht unter den beiden Kreuzen stehen. Es musste eine Wahl ge-
75 troffen werden.

Die Entscheidung für das Kreuz Christi bedeutete, vom Gitterfenster im Bunker, in dem er gefangen war, das Evangelium hinauszuschreien. Die Hölle des Lagers würde nicht das letzte Wort sein. Dieses Evange-
80 lium wurde von vielen gehört. Einige Zeugnisse sind uns überliefert. Wie der eines Häftlings, der, nachdem er alle Hoffnung verloren hatte, sich im Lager gegen den elektrischen Draht werfen wollte, um sich zu töten. Aber nachdem er die Worte von Pfarrer Schneider
85 gehört hatte, erlangte er neuen Mut zum Durchhalten und überlebte schließlich das Lager.

Cesare Zucconi

1. Lies den Text und unterstreiche die Worte, die dir unbekannt sind.
2. Klärt im Lerngruppengespräch die Begriffe (z. B. »Konfession« und »Ökumene«).
3. Der Autor, Cesare Zucconi, berichtet davon, dass in Lagern wie Buchenwald Konfessionsgrenzen keine Rolle gespielt haben. Erläutere diesen Zusammenhang.
4. In dem Text wird ein wichtiges Kriterium benannt, das einen christlichen Märtyrer kennzeichnet. Benenne es.

6 M 3   Aktion Sühnezeichen Friedensdienste

Copyright Design Beutel: ASF | ® AMPELMANN GmbH | Foto: Marita Koerrenz

1. Recherchiere zu der Arbeit von »Aktion Sühnezeichen Friedensdienste« und schreibe einen kurzen Bericht.
2. »Aktion Sühnezeichen Friedensdienste ruft mit einem Wortspiel gegen Rassismus und Antisemitismus auf. Erläutere das Wortspiel.
3. »Wer die Vergangenheit nicht kennt, ist dazu verurteilt, sie zu wiederholen« (George Santayana 1863–1952). Dieser Ausspruch findet sich als große Plakette in der Berliner U-Bahn-Haltestelle Gesundbrunnen. Erläutere die Bedeutung dieses Ausspruches.
4. Diskutiert in der Lerngruppe die Frage: Rassismus – ein aktuelles Thema?
5. Reflektiere deinen Kompetenzgewinn aus der Unterrichtseinheit »Ich lege Protest ein. Mit Paul Schneider Glauben und politische Verantwortung erkunden«.